IB의 밖에서 IB를 잇다

현직 교사 7인의 IB 교육 성장기

IB의 밖에서 IB를 잇다

현직 교사 7인의 IB 교육 성장기

오수연 · 윤승혜 · 김예린 · 이은아 ·

최인금 · 김고은 · 황서영

TABLE OF CONTENTS.
목차

들어가며

'교사'라는 직업을 선택하는 사람들 중에는 배움과 성장에 대한 갈망이 큰 경우가 많은 것 같습니다. IBEC 과정을 통해 만난 선생님들뿐만 아니라 학교 현장에 계시는 많은 분들은 날마다 새로워지는 학생들을 마주하며 그들과 함께 나아가기 위해 공부하고 고민합니다.

경기도교육청의 지원을 받아 시작한 한동대 IBEC 과정 이수는 저의 교직 생활에 변곡점이 되었습니다. 교직에 들어선 이후 고등학교에서만 있다 보니, 어느새 배움보다는 교과 학습을, 과정보다는 결과를, 기다림보다는 앞서나감에 익숙해지고 있었습니다. 그러던 중 IB 교육을 알게 되었습니다. IB는 제게 개념적 전이를 바탕으로 한 깊은 이해를 안내하였고, 성장하는 과정의 의미와 학문적 정직성에서 벗어난 성과의 부끄러움을 일깨웠으며, 앞서나감보다는 기다리고 함께 나아감의 중요성을 강조하였습니다. 이것이 바로 우리 모두가 추구하고자 하는 가치입니다.

1년간 IBEC 과정을 이수하면서 많은 자료를 읽고 익혔습니다. 오랜만에 공부다운 공부를 제대로 한 것 같습니다. 서로 다른 학교급(교과목)의 선생님들과도 다양한 이야기를 나누며 지지하고 격려하였어요. 진정한 공부란 긍정과 연대를 바탕으로 한 자신감이라는 생각이 들었습니다.

IB를 알게 된 이후 수업에서도 작지만 꾸준한 변화가 나타났습니다. IB를 더 깊이 알고 싶어하시는 선생님들과 연구회, 교원 모임 등

공동체를 이루어 적극적인 공동 연구도 하고 있습니다.

IB의 학습접근방법(ATL) 중 대인관계 기술(social skill) 요소에는 '다른 사람의 성취를 돕는다'라는 설명이 포함되어 있습니다. IB를 통해 우리의 교육 과정을 다시금 살피고 나아가야 할 방향에 대한 힌트를 얻었기에, 배우고 실천한 내용을 공유함으로써 더 많은 분들께 영감을 드리고자 용기를 내어 책을 출간하게 되었습니다.

누군가의 성취가 비단 그 누군가만의 노력이 아니라는 것을 잘 알고 있습니다. 책이 세상에 나오기까지, 드러나게 혹은 드러나지 않게 애써주신 분들께 온 마음을 담아 감사드립니다.

저자들의 작은 시도가 다른 선생님들의 성취를 돕고 성장에 기여할 수 있기를 희망합니다.

저자들을 대표하여
오수연(애기똥풀) 드림

PREFACE.
우리의 IBEC 이야기

| 애기똥풀 | 고등학교 생명과학교사 |

IB 프로그램

국제 바칼로레아(International Baccalaureate, IB) 프로그램은 1968년도부터 유엔(UN) 등 국제기구 주재원, 외교관, 해외 주재 상사 자녀들의 안정적인 교육을 위해 시작되었습니다. 어느 한 국가에서 안정적인 교육을 받기 어려운 아이들이 어느 국가를 가더라도 질 좋은 교육을 받을 수 있도록 하자는 취지로 민간 비영리 교육 재단이 개발한 교육 과정 및 대학 입시 체제에요.

IB 프로그램은 스위스에 본부[1]를 두고, 역량 중심 교육 과정을 기반으로 한 개념의 이해와 탐구학습 활동을 통한 학습자의 자기 주도적 성장을 추구합니다.[2] 교육을 통해 문화 간 이해와 존중을 기르고, 더 나은 세상, 더 평화로운 세상을 만드는 데 기여하는, 호기심 많고, 지식이 풍부하고, 배려심이 강한 청소년을 양성하는 것이 IB 교육의 사명(mission)이에요. 이를 바탕으로 전 세계 3~19세 195만 명 이상의 학생들에게 4개의 교육 프로그램을 제공하고 있습니다.[3]

최초의 IB 프로그램인 디플로마 프로그램(Diploma Programme,

---

1   법적 본부는 스위스 제네바에 있지만, 실무 헤드쿼터는 네덜란드 헤이그에, 채점 센터는 영국 카디프에, 아시아 태평양 본부는 싱가포르에 있다
2   경기도교육청 IB 프로그램 리플렛
3   IBO 공식 누리집(www.ibo.org)

DP)[4]이 1968년에 시작된 이후, 1994년에 중등교육 프로그램 (Middle Years Programme, MYP), 1997년에 초등교육 프로그램 (Primary Years Programme, PYP), 2012년에 직업 연계 프로그램(Career-related Programme, CP)을 시작하며 IB의 연속적인 교육 모델이 완성되었습니다. 이 4가지 IB 프로그램은 독립적으로 또는 연속적인 교육 체제로 운영될 수 있는데 공통적으로 모두 학생들을 평생 학습자로 성장시키는 것을 목표로 합니다.

IB 프로그램의 목적(aim)은 '학생들이 복잡한 세상을 이해하고 미래를 위해 책임 있게 행동할 수 있도록 필요한 자질과 역량을 길러주는 교육을 제공하는 것'입니다. 이는 *IB 학습자상(learner profile)* 에 명시되어 있어요. IB 프로그램의 목표(object)인 평생 학습자로의 성장을 위해 모든 프로그램은 서로 유기적으로 연결되고 상호 보완적으로 기능하며 고유한 철학과 특징적인 교수·학습 방법을 가지고 있습니다.

IB 학습자상[5]

- ◆ Inquirers (탐구하는 사람)
- ◆ Knowledgeable (지식이 풍부한 사람)
- ◆ Thinkers (사고하는 사람)
- ◆ Communicators (소통하는 사람)
- ◆ Principled (원칙을 지키는 사람)

- ◆ Open-minded (열린 마음을 지닌 사람)
- ◆ Caring (배려하는 사람)
- ◆ Risk-takers (도전하는 사람)
- ◆ Balanced (균형 잡힌 사람)
- ◆ Reflective (성찰하는 사람)

—

4 고등교육과정. 우리나라의 고등학교 2,3학년에 해당
5 IBO 공식 누리집(www.ibo.org)

IB 본부(International Baccalaureate Organization, IBO)는 IB 프로그램의 차별성을 아래와 같이 이야기하고 있습니다.

IB 프로그램만의 특징

◆ 모든 연령대의 학생들이 비판적으로 생각하고, 기존의 가정들(assumptions)을 의심하며 도전하도록 장려한다.
◆ 정부나 국가 교육 시스템과 독립적으로 발전하며, 연구 및 전 세계 학교 공동체에서 검증된 우수한 교육 방식을 반영한다.
◆ 모든 연령대의 학생들이 지역적 맥락과 세계적 맥락을 모두 고려할 수 있도록 돕는다.
◆ 다국어 역량을 갖춘 학생으로 성장할 수 있도록 지원한다.

IB 프로그램으로 교육하기 위해서는 IBO 의 승인을 받아야 해요. IB 프로그램을 제공하는 전세계 모든 학교는 IB 인증 학교(IB World School, IBWS)입니다.

IB 디플로마(International Baccalaureate Diploma Pro -gramme, IBDP)

IBDP는 만 16세~19세 학생을 대상으로 하는 학위과정(Diploma)[6] 으로 전 세계 주요 대학에서 인정 받고 있습니다. IBDP는 핵심과 정(CORE)와 6개 교과군으로 구성되어 있어요. 핵심과정은 6개 교 과군과 연계되어 학생들이 배운 지식을 실제적 행동과 삶으로 확

---

6   특정 과정 또는 교육 수준의 완료를 인증하는 공식 문서

장할 수 있도록 합니다. 특히, 핵심과정 중 지식이론(Theory of Knowledge, TOK)은 메타인지와 지적 겸손을 통해 학생들이 더 깊고 넓게 사고할 수 있도록 도와줍니다. 6개 교과군에는 언어습득, 언어와 문학, 개인과 사회, 수학, 예술, 과학이 포함됩니다.

학생들은 과정 선택 지침에 따라 과목을 선택하는데, 자신의 수준에 맞게 일부 과목은 상위 수준(Higher Level, HL) 또는 표준 수준(Standard Level, SL)으로 선택할 수 있어요.[7] 학생은 디플로마를 받기 위해 HL에서 3~4개 과목을, 나머지는 SL을 선택하는데, 수준에 따른 점수의 유불리는 없어요. 다만 상급 학교 진학 시 특정 과목의 HL 이수를 필요로 하는 경우가 있습니다.

그림1. 디플로마 프로그램(DP) 설계 모형[8]

7   SL 과목은 150시간, HL 과목은 240시간으로 수업이 구성
8   https://ibo.org/globalassets/new-structure/about-the-ib/pdfs/cas-subject-brief-2016-ko.pdf

IBEC(International Baccalaureate Education Certificate)

IBEC은 에서 IBO에서 인증하는 IB 교육자 수료증입니다. IB 교육자 수료증은 IB 인증학교(IB World School, IBWS)에서 가르칠 수 있다는 일종의 자격 증명인데, IB가 인정하는 대학원 교육 또는 교육 리더십 학위를 이수하면 획득할 수 있어요.[9] IBEC 인증서는 IB 학습 및 교육에 대한 깊은 이해가 있음을 의미합니다.

그림2. IB certificate in teaching and learning 인증서 예시

참고로, IBEC 과정은 IB 국제공인 전문강사(IB, Foundational teacher Professional Develoment, IB FPD) 연수보다 이론 중심적인 성격을 띠고 있어요. 두 과정 모두 경기도 IB 프로그램 리더 교

---

9   IBO 공식 누리집(www.ibo.org)

원을 양성하기 위한 프로그램이지만, 조금 더 원론적인 내용을 통해 IB에 대한 이해를 높이는 IBEC 과정과는 달리 FPD 연수는 실제 수업 현장 중심으로 이루어진다는 차이가 있습니다.

구분	대학 연계 IB 전문가(IBEC) 과정	IB 국제공인 전문강사(FPD) 연수
운영	연계대학	IBO
내용	IB 철학/이론 〉 IB 학교 수업참관/실습	IB 철학/이론 〈 IB 학교 수업 참관/실습
장소	대학	IBWS

표1. IBEC 과정과 FPD 연수의 비교[10]

Universities at a glance (continued)

UNIVERSITY	IB certificate in teaching and learning			IB advanced certificate in teaching and learning research	IB certificate in leadership practice	IB advanced certificate in leadership research	MODE			DEGREE		
	PYP	MYP	DP				in-person	online	blended	undergraduate	postgraduate	masters
MALAYSIA												
University College Fairview	●	●	●	●			●	●	●		●	●
THE NETHERLANDS												
NHL Stenden University of Applied Sciences	●	●				●	●			●		
REPUBLIC OF KOREA												
Daegu National University of Education	●						●					●
Gyeongin National University of Education	●								●		●	●
Handong Global University	●	●	●						●		●	●
Inha University			●						●		●	●
Jeju National University	●	●	●				●		●		●	●
Kyungpook National University		●	●				●	●	●		●	●
Namseoul University	●	●	●				●	●	●		●	●

그림3. IBEC 이수가 가능한 국내 교육대학원[11]

---

10 IB 이해하기(경기도교육청)를 재구성
11 IB Educator and and leadership certificates university directory 2024 (IBO)

2024년 10월 기준, 우리나라(Republic of Korea)에는 대구교육대학교(PYP), 경인교육대학교(PYP), 한동대학교(PYP, MYP, DP), 인하대학교(DP), 경북국립대학교(MYP, DP), 남서울대학교(PYP, MYP, DP)가 IBEC 프로그램을 진행하고 있습니다.

경기도교육청의 IB 프로그램 도입 취지

우리나라에서 IB 프로그램에 대한 논의는 지난 2000년대 초중반, 국제학교와 특수목적고 맥락에 국한하여 시작되었습니다. 이후 2009 개정 교육과정[12]의 「고등학교 교육과정 편성·운영지침」에 '학교는 필요에 따라 대학 과목 선이수제의 과목을 개설할 수 있고, 국제적으로 공인된 교육 과정이나 과목을 개설할 수 있다'는 문구가 포함되면서 우리나라의 공교육에서 IB 프로그램을 도입하기 위한 시도가 본격화되었어요. 2019년에는 대구광역시교육청과 제주특별자치도교육청이 IB 한국어화 추진에 대한 약정을 체결하고 현재까지 공교육(일부 학교)에 IB 프로그램을 도입하여 운영하고 있습니다.

경기도교육청은 2022년 9월에 IB 도입 의향서를 체결하고 2023년 초 IB 프로그램 운영 계획을 수립한 이후 관심 학교의 선정, IB 연수 및 워크숍, 도교육청-IBEC 대학 업무협약(MOU)체결, 도교육청-IBO 협력각서(MOC) 체결 등의 노력을 꾸준히 이어오고 있습니다.

2024년에는 대학 연계 IB 전문가 과정(IBEC), IB 국제공인 전

12 2009.12.23 교육과학기술부 고시 제 2009-41호

문강사연수(FPD) 운영을 확대하고 IB 교육 전문가 네트워크 (International Baccalaureate Educator Network, IBEN)를 양성하는 데 힘을 쏟고 있어요. 특히 후보학교[13]와 인증학교를 포함한 IB 학교 및 IB 전문가 과정 이수자의 수업·평가 자료를 축적할 뿐 아니라 IB 평가관/채점관 양성도 지원하였습니다.

	2023년	2024년	2025년
한동대	20명	10명	10명
인하대	10명	10명	10명
남서울대	–	–	5명

표2. 경기도교육청의 IBEC 1년 비학위 과정 지원 현황(DP 기준)[14]

초등교육 프로그램(PYP)과 중등교육 프로그램(MYP) 과정 뿐만 아니라 국제공인 전문강사(FPD)까지 포함하면 더 많은 교사가 경기도교육청의 적극적인 지원을 받고 IB 교육의 전문가로 거듭나고 있습니다.[15] 급변하는 미래 사회에서는 단편적인 지식 암기와 정답 찾기 교육에서 벗어난 창의적이고 비판적인 사고력을 키우는 미래형 학습 체제로의 전환, 그리고 미래를 살아가는 데 필요한 역량을 평가

---

13 IBO로부터 후보학교로의 자격을 받고 IBWS가 되기 위해 준비하는 학교. IBWS는 관심학교 → 후보학교 → 인증학교의 단계를 거쳐 확정
14 대학 연계 IB 전문가과정(IBEC) 운영 계획(경기도교육청) (2023학년도/2024학년도/2025학년도)
15 IBEC 80명, FPD 40명 지원(2024, 초중고 통합) (2024학년도 IB 프로그램 운영 계획 (경기도교육청))

하는 미래형 평가 체제로의 패러다임 변화가 요구됩니다.[16] 이를 위해 경기도교육청도 '국제적으로 공인된 IB 프로그램의 도입으로 새로운 경기 미래 교육'[17]을 추구하고 있습니다.

한동교육대학원 IBEC 경험

경기도교육청이 협약을 맺고 있는 한동교육대학원의 IBEC은 비학위과정입니다. 세부적인 교육과정[18]은 다음의 표로 요약할 수 있습니다.

영역	교과목명	
구분	비학위과정	
	IBEC(DP)[19]	
교육 과정	IB 교육과정 설계/전달	◆ 학생들의 다양한 학습 욕구, 문화적 가치와 배경, 언어 역량을 반영하는 커리큘럼 설계
	IB 학습을 위한 평가	◆ 교수–학습–평가 간의 상호관계에 대한 이해 개발 ◆ 다양한 평가 접근 방식 고려
교육 방법	IB 교수–학습 접근법	◆ IB 교육 내용을 가르치는 철학과 근거, 교수 및 학습 방법 탐구 ◆ IB 프로그램을 가르치는 데 효과적이며 다양한 교수 전략과 교수 계획을 위한 지식과 기술의 탐구
	IB 전문학습공동체 구축	◆ 교육 현장에서의 협력, 조사 및 성찰 ◆ 성찰의 과정을 통한 IB 프로그램의 다양한 이슈, 정책 및 발전에 대한 생각 공유

표3. 한동대학교 교육대학원 IBEC과정

---

16 IB 이해하기 자료(경기도교육청)
17 IB 본부와 국제 바칼로레아 프로그램 도입 의향서 체결(경기도교육청 보도자료)
18 한동대학교 교육대학원 IBEC 과정 안내 누리집(www.handongedu.kr)
19 한동교육대학원 IBEC은 PYP, MYP, DP가 모두 운영

한동교육대학원 IBEC 과정(이하 한동대 IBEC)의 교수분들은 모두 IBWS에 근무했거나 현재 근무하고 있는 분들이셨어요. IB 교육 현장에서의 풍부한 경험을 바탕으로 이론적인 내용을 가르쳐 주셨습니다. 경기도교육청에서 선발한 IBEC(DP) 과정 대상자는 모두 현직교사였기 때문에 문서나 책으로 접하는 내용들을 실제 수업 장면과 연결하며 배울 수 있었습니다. *이론 학습이 그저 이론에 머무르지 않고 교사 개인의 경험과 교실현장에 맞닿으며 더 확장되었습니다.*

특히 IB의 철학 및 이론 중심의 IBEC 수업을 보완하기 위해 경기도교육청과 한동교육대학원 그리고 수원외국인학교에서 함께 마련해 준 수원외국인학교 일일수업 참관의 시간은 정말로 값진 경험이었습니다. IBWS의 교육 환경과 수업을 들여다보며 IB 교육에 대해 더 많이 알게 되었어요. 학생과 교사가 함께 배움의 과정을 만들어가는 모습을 직접 보고 이야기를 나누면서 우리의 교실과 수업에는 어떻게 적용할 수 있을까 많이 고민하였습니다.

그림4. 한동대학교 전경   그림5. 수원외국인학교 방문(2023)

2023년 한동대 IBEC 과정은 대면과 비대면의 병행 수업으로 이루어 졌습니다. 개강 이후 방학(여름/겨울) 기간은 한동대에서 직접 대면 으로 수업하고, 학기 중에는 매주 토요일 오전에 비대면 수업을 했어 요. 한동대에서의 대면 수업 중 가장 인상적이었던 것은 **'교사'가 아 니라 IB 프로그램을 배우는 '학습자'로서 IB 교육을 경험할 수 있 다는 점이었습니다.** 정답을 제시하기보다 다양한 사고로 나아갈 수 있도록 안내하는 수업이었는데, 학생에게 주어지는 '사고의 여유'가 얼마나 중요한 것인지 다시금 깨달았어요.

그림6. IB 학습자상과 ATL 연결

그림7. 개념(패턴) 찾기

그림8. 갤러리워크

그림9. 개념 추출하기 수업

매 강의마다 수업의 목적과 목표를 공유하고 다양한 사고 루틴 도구를 이용해서 개념적 이해를 돕는 수업 방식도 너무 좋았는데, 이런 수업을 위해서라면 대면 진행이 꼭 필요했을 것이라는 생각이 들었습니다.

어느 날은 '패턴'이라는 개념을 표현하기 위한 사진을 찍어보는 활동을 했어요.(그림7) 직접 캠퍼스를 돌아다니며 같은 모둠의 선생님들과 '패턴'의 의미를 나누고 예시를 찾아보는 활동도 흥미로웠습니다.

교사 네트워크 형성

IBEC 과정에 참여한 선생님들과의 교류도 즐거웠습니다. 경기도 각지에서 모인 초등학교(PYP), 고등학교(DP) 선생님들은 학교급은 다르지만 서로의 어려움과 기대를 나누며 앞으로의 교육에 대해 함께 고민했어요.[20] 우리의 교육 현장에 IB 교육의 철학과 방법을 어떻게 적용할 수 있을까 많은 이야기를 나누었습니다. 초등학교에 비해 고등학교에는 입시라는 한계가 있어 현실적인 회의와 불안도 있었지만, 모두가 행복하고 지속가능한 배움을 위해 서로의 의지와 기대를 나누며 응원하고 지지하던 시간이었습니다. 밀도 높은 수업이 끝나면 함께 맛집에도 가고 포항 바다와 명소도 구경했어요. 그야말로 배움의 공동체가 되어 긴밀한 네트워크를 형성할 수 있었습니다.

비록 IBEC(2023) 과정은 끝이 났지만, 배움의 시간을 함께 했던 선생님들과의 교류는 진정 소중한 자산으로 남아있어요. 작지만 꾸준한 시도가 큰 변화를 만들어내는 것처럼 함께 IB를 공부하고 적용하는 것이 오늘날의 학교 현장에 많은 영감을 줄 수 있다고 생각합니다.

---

20 한동교육대학원은 2024년부터 MYP를 운영

CHAPTER I.

우리가 IB에 관심을 갖게 된 이유

학교를

'배움을 목적으로 하는 사람들이 모여 있는 커뮤니티'로

정의한다면,

학교는 사라지지 않을 것이다.

미래학교, 엄윤미 · 한성은

배움의 즐거움을 함께

저는 교직에 들어온 이후 고등학교에서만 계속 근무하고 있어요. 교과의 특성상 늘 2,3학년 학생들을 만납니다. 수능 중심의 고등학교 3학년 교실에서 탐구 교과를 지도한다는 것은 매 순간이 도전과 고뇌의 시간이예요. 수능 응시 과목이 아닌 교과의 경우 배움에 대한 현실적 동기가 적습니다. 입시 반영 교과의 성적 향상만이 유일한 동력이 되는 교실 안에서는 제가 어떠한 교수법을 사용해도 수업에 참여하도록 유인하기가 어려웠어요. 유전의 원리를 배우고 실생활에 적용하는 것보다 복잡한 가계도를 분석하는 요령을 외우는 것이 학생들에게는 더 의미 있는 학습으로 여겨지고 있었습니다. 수능 시험의 경우, 주어진 30분 이내에 정확하게 문제를 풀어내기 위해 외운 것을 대입하는 것이 더 유용할 때가 있거든요. 배움 그 자체가 즐거움이어야 하는데 그렇지 못한 현실이 너무도 안타까웠습니다. 대학 입시를 준비하며 성적을 줄 세우고 '선발'과 '변별'만을 강조하는 흐름에서 벗어나 배움의 즐거움을 함께 나누고픈 마음이 커져만 갔어요.

IB 프로그램에는 특징적인 교수·학습법이 있습니다. '배우는 방법을 배우기(Learning how to learn)'라는 IB의 교육 철학처럼, 교사와 학생 모두에게 배움은 단순히 수단에 그치는 것이 아니라 과정 자체가 큰 의미를 갖는 활동이었어요. 논·서술형 평가임에도 신뢰도를 확보하고 있는 IB의 평가 시스템도 매력적으로 느껴졌습니다. 평가가 선발과 변별로만 기능하지 않고 학생 개인의 성장을 위해 적극적으로 활용되고 있었거든요. 제가 지향하는 교육은 '배움을 기꺼워하는 평생 학습자가 되도록 돕는 것'이기에 IB의 교육 철학에 깊은 인상을 받았습니다.

그러던 중 IB 프로그램에 대해 알게 되었고 경기도교육청의 지원을 받는 좋은 기회를 얻어 IBEC 과정도 참여하게 되었습니다.

산호초	고등학교 국어교사

학생의 성취를 지원하는 평가

학생들이 9등급 내신 체제를 기반으로 하는 입시에서 상대평가를 받는 것이 아니라, 성취기준의 도달도를 기준으로 성적을 받게 되는 성취평가제를 도입하겠다는 계획에 매료되었습니다. 이 계획에 따르면 아이들은 학기말에 성취기준의 도달도를 A~E 등급, 혹은 과목에 따라 A~C로 평정 받게 되는데, 이렇게 되면 과도한 경쟁에 의해 과목을 선택하고 눈치 작전을 펼치는 것이 아니라 자신의 진로나 적성에 따라 필요한 과목을 선택하여 공부하게 되니, 자연스럽게 자신의 선택에 대한 책임감이 생기지 않을까하는 기대감이 있었기 때문이에요.(아쉽게도 지난 대입개편안에서 성취평가제 전면 도입에 대한 내용은 많이 수정이 되었습니다.)

과목의 이수기준 개발, 성취도 평정을 위한 문항 개발, 교수학습 자료 등의 일에 참여하다 보니, 자연스럽게 성취수준을 A~E 단계의 수준에 맞게 진술, 평정하는 평가 전문성을 많이 개발해야 한다고 생각하게 되었습니다. 이런저런 자료를 찾아보던 중 외국의 우수사례로 교사의 주관적 판단이 많이 들어갈 수 밖에 없는 논술형 평가에서도 성취 수준을 차별적으로 진술하는 채점기준표(루브릭)를 활용한다는 IB를 접하게 되었어요.

그러던 차에, 경기도교육청에서 IB 교사를 양성하는 IBEC 과정 교사를 선발한다는 공고를 보게 되었고, IB 교육이 우리 교육의 문제점을 해결하는 대안을 제시해 줄 수 있지 않을까 하는 기대를 안고 지원하게 되었습니다.

| 사막여우 | 고등학교 생명과학 |

교수학습법과 평가 능력 함양

교사라면 모두 공감 하실 거예요. 교사 혼자 움직여서 바꿀 수 있는 교육 환경의 범위는 넓지 않다는 것을요. 제가 겨우 선택할 수 있었던 것은 수업에 쓰는 도구를 개발해 보는 것이었습니다. 학생들의 과학적 탐구 능력 개발을 위해 교과 수업 중 활용 가능한 발문법을 설계하는 것에 관심을 갖고 교육과정을 살펴보았어요. 각 교과 수업에 적합한 발문의 과정과 단계를 정리하다 보니, 학생들 스스로가 단원 전체를 통찰할 수 있는 핵심적인 키워드를 찾아갈 수 있게 발문을 구성하면 좋겠다는 생각을 했습니다. (지금 생각하니 이 핵심 키워드가 바로 IB에서 강조하는 key concept이 아니었을까 싶네요.)

그러던 중 미국에서 교육 실습을 받았던 지도 선생님과 연락이 닿게 되었어요. 늘 교사와 학생 모두가 행복한 수업에 대한 열망이 있었는데, 이 열망은 좋은 평가 방법에 대한 고민으로 이어졌습니다. 실습생 시절 당시 지도 선생님께서는 '좋은 평가란 학습자들 스스로 자신이 가야하는 길을 직접 볼 수 있게 만들어주는 것'이라는 얘기를 하셨었어요. 실습이 끝나고 한참 지난 뒤에도 제 고민을 함께 나눠주시던 선생님께서 IB의 학습 철학을 접해보기를 권하셨습니다.

오랜 고민에 대해 더 적극적으로 움직일 수 있는 원동력을 가지게 될 수 있을 거라는 기대를 품고 IBEC 과정에 지원하게 되었습니다.

| 알파카 | 고등학교 영어교사 |

집어넣는 교육이 아닌 꺼내는 교육

교사로서의 연차는 쌓여가는데 학교생활에 쏟는 나의 노력과 시간의 가시적 성과가 없는 것이 현실이기에 무력감을 많이 느꼈습니다. 아이들을 좋은 대학교에 보내고 성적을 올려주는 것이 나의 성과인가? 하는 의문이 늘 들었어요. 정답을 맞히도록 일종의 훈련을 시키는 제 수업 안에서 엎드려 자는 아이는 우선 순위에서 밀려나곤 했습니다.

경기교육의 핵심은 '단 한 명의 아이도 포기하지 않는 교육'이라 하는데, 어느덧 한 명씩 포기 아닌 포기를 하고 있는 제 자신이 부끄러웠어요. 그러던 중 우연히 연구회를 통해 IB 프로그램을 알게 되고 제 교직관의 변곡점이 될 것이라는 생각이 번뜩 들었습니다. 집어넣는 교육이 아닌 꺼내는 교육, 정답을 맞히는 것이 아닌 정답을 만들어내는 교육으로 아이들 한 명 한 명이 주인공인 시스템. 이후 여러 기회를 통해 IB 관련 연수를 듣고 이것을 좀 더 제 것으로 체화시키는 기회를 얻게 되었어요. 그것이 한동대학교 IBEC 과정이었고, 짧고도 긴 시간 동안 깊이 이해하는 귀중한 기회를 가졌습니다. 아직도 완벽하게 모든 것을 이해했다기보다는 첫발을 뗐다고 생각합니다. 이제는 지치지 않고 지속하는 게 중요할 것 같아요.

| 클립꽂은 동그라미 | 고등학교 국어교사 |

신뢰도 있는 논·서술형 평가

고등학교에서의 모든 교수·학습 과정의 결론은 '평가'와 '입시'였습니다. 올바른 '배움'이 설 자리가 없었고 학생과 선생님들 모두 학교가 그리 행복하지 않았던 것 같아요. 학생들은 더 높은 순위의 대학에 가는 것이 학업의 목표였고, 선생님들도 대학 입시 결과를 높이는 것이 교육의 목표였죠. 모두들 답을 찾아 달려가고 있었지만, 무엇이 '교육'이고 '배움'인지에 대한 질문을 잃어버렸습니다.

특히 저는 국어과 교사로서 학생들에게 자유롭게 읽고 쓰고 질문하고 답하는 수업을 하고 싶었습니다. 학생들의 비판적 창의적 사고 과정을 확장시켜 주고 실생활에 도움이 되는 의사소통역량을 길러주고 싶었어요. 학생들의 실질적 역량을 키우려면 다양한 논·서술형 평가를 적용해야 교수·학습 과정도 함께 변할 수 있는데, 현재로서는 입시를 위한 내신 등급 산출과 수능 대비 문제 풀기 시스템에서 벗어나기 어려운 한계가 있었습니다.

학생들은 다양한 글과 문법 지식을 배웠지만, 객관식 5지 선다형의 정답을 고를 수 있을 뿐 자신의 생각을 담은 글 한 편 쓰는 것은 어려워했습니다. 비판적 창의적 사고의 글쓰기 뿐만 아니라, 의사소통으로서의 말하기 듣기 능력도 부족했습니다. 문학 작품을 배웠지만, 문학 '감상'이 아니라 누군가 정해놓은 '감상 정답'을 외워서 답을 찾아야했거든요. 이렇게 정답 찾기만 하다가는 미래 사회에 필요한 역량을 기를 수 없다는 위기감이 들었습니다.

다양한 논·서술형 평가를 실시하려면 평가의 신뢰성과 타당성을 보장받을 수 있는 체계적인 루브릭(rubic)과 시스템 운영이 필요했습니다. 선생님들은 고심해서 성취기준별 문제를 만들고 평가 기준대로 교차 점검을 하는 등 공정한 평가를 하려고 노력했지만, 과열된 입시 경쟁 체제 안에서 논·서술형 평가를 실시하기에는 어려움이 많았거든요.

그런데 IB에서는 모든 과목을 논·서술형 평가로 실시하는 시스템이 갖춰져 있다는 이야기를 듣고 IB에 대해 공부하기 시작했습니다.

이제는 학생들이 자신의 감상을 글로 쓰고 발표할 수 있는 역동적인 교실을 기대하고 있습니다

> 창가의 앤 | 고등학교 생명과학

교사도 행복한 학교

어느날인가, 한국 교육에 대한 외신 보도에서 공개적으로 '한국 교육=주입식 교육'이라고 하는 말에 화가 났습니다. 어떠한 학문이라도 기본 개념에 대한 이해와 기억은 필수입니다. 마치 한국 교사들은 아무런 설명도 없이 '별표 한 것은 외워라, 외웠는지 시험 본다'라고 앵무새처럼 말하는 양 이야기를 하니 너무 속상했어요. 하지만 교육 현장에서 '입시 시험' 빈출 영역을 강조하고 내신 등급에 따라 정확히 변별될 수 있도록 만들어야 하는 상황, 생활기록부 교과 세부능력특기사항만을 신경 쓰는 학생, 배움의 이유와 목표가 없이 그저 과학 과목 1개를 들어야 하니까 의무적으로 수강 신청한 뒤 정작 수업 시간에는 엎드려 자는 학생들을 마주하다 보면 교사의 직무와 한계에 대해 깊은 회의가 생깁니다. 그러다 다시 한번 힘을 내 심기일전 해보지만, 실험실 보조 인력이 없어서 수업 외 몇 시간을 들여 실험을 준비하고 (물품 구입 관련 행정 업무, 물품 정리, 실험 세팅 등) 정리하느라 초과 근무를 한 뒤 밤늦게 집에 들어가서 엄마의 부재가 느껴지는 집안을 보고 있자니 갑자기 예전의 일이 떠올랐습니다. 지난 2010년, 한참 공교육에도 영어교육 붐이 일어 '과학을 영어로 가르

치기'라는 연수에서 만난 뉴질랜드 원어민 교사가 한국 교사들의 한국 교육 현장(2024년인 지금과도 크게 다를 것 없는)에 대해서 이야기를 듣더니 심각한 표정으로, '정말이니? 그렇다면 한국 교사들은 혹사당하고 있어. 교사도 직업 중의 하나인데 왜 한국 사회는 성인군자 프레임을 교사에게 씌우는 거지?'라고 질문했습니다. 15년이 지난 지금 다시 떠올려보아도 생생하게, 오히려 더 와 닿더군요.

현 교육 상황은 교사에게도 행복하지 않습니다. 어느 나라의 교육 시스템이든 모두가 완벽히 행복하기는 힘들겠지요. 학생과 교사 모두 각자의 교육적 철학과 목표를 실현하기 위해, '그럼에도 불구하고' 엄청난 노력을 하고 있지만, 많은 사람들이 현 교육 시스템에 어느 정도의 문제가 있다는 것을 알고 있습니다. 여러 나라의 교육 시스템과 교육과정을 탐구하고 좋은 것을 배우려 하는 교사들도 늘 있고요. 언론에서 문제 제기한 일부분의 교육 현장만을 보고, 잘 모르는 분들은 '한국 교육 현장=심각한 문제 상황'이라고만 생각하는 것이 속상합니다.

그래서 '도대체 그렇게 좋다는 외국의 교육은 어떻게 하고 있는데?!' 하는 마음으로 IBEC 과정을 신청했습니다. (물론 신청서에는 IB의 교육과정과 교육적 효과가 궁금하다고 예의바르게 썼습니다. 웃음.)

의미 있는 학습의 경험

교사 생활에 지치고 현타가 올 때면 떠올리는 수업의 한 장면이 있습니다. 10년 전 학생들과 4차시에 걸쳐 영어 교과서에 수록된 프랭크 스톡턴(Frank Richard Stockton)의 단편소설 'The Lady or the Tiger'을 읽고 나서 열린 결말을 각 그룹이 상상하여 역할극으로 표현하도록 하는 수업이예요. 학생들이 '수행평가도 아닌데 이런 건 왜 해요?' 하며 대충하면 어떡하나 했던 저의 우려가 무색하게 학생들의 호응도는 무척 높았습니다. 저녁에는 미용 학원 수업을 가야 해서 늘 졸린 눈으로 엎드려 있던 여학생이 '선생님, 영어 수업이 이렇게 재밌는 거 처음이예요!'라고 했던 모습이 아직도 제 기억 속에 박제되어 있어요. 그 당시는 프로젝트 수업이 유행하기 전이었고 교-수-평-기가 강조되기도 전이었으며 인터넷 번역 프로그램도 없던 시절이었어요. 보충수업 준비에 찌들어 있던 과거의 제가 즉흥적으로 제안한 것이었는데 예상 외로 호응이 크고 원어민 선생님께서 기꺼이 도와주셔서 모든 학생들을 무대에 세울 수 있었습니다. 당시 근무했던 학교가 면 소재지에 있어서 학생들이 사교육을 거의 받지 않고 영어에 많이 노출되지 않았기에 학생들은 제가 시도하는 수업을 기꺼이 받아들여 주었고 즐겨주었다고 생각합니다. (고마워 얘들아!).

교사로서 수업에 대한 저의 고민은, 수업이 학생들에게 의미 있는 학습 경험이 될 수 있도록 내용을 구성하는 것입니다. 제가 근무하고 있는 학교의 학생들 대부분은 농어촌 수시 전형으로 대학을 진학하기에 저에게 수업 재량권이 많이 주어졌고 영어를 어떻게 가르쳐야 할까, 본질적인 부분에 대해 많이 고민했습니다. 그즈음 GETA(경기도 중등 영어교육 연구회) 하계 세미나에서 이혜정 소장님의 특강을 듣게 되었어요. 특히 표선고등학교 학생들의 이야기는 제가 매일 만나는 학생들의 이야기와 너무도 닮아있었습니다. 학교를 나가면 영어를 다시 공부할 일이 없을 대부분의 학생들에게 IB 수업이 주던 울림은 영어 교사인 저에게도 크게 다가왔습니다.

CHAPTER II.
교육과정 비교

인류에 대한 생태학적 이해를 수용하고,

살아있는 행성이자 단 하나의 고향인 지구와 우리가

관계맺는 방식을 다시 균형잡아 주는 교육과정이 필요하다.

사실과 거짓을 구별하는 능력을 길러주는

과학적 문해력, 인문학적 문해력, 디지털 문해력을 통해

잘못된 정보 확산에 대응해야 한다.

교육 내용, 방법, 정책에서 적극적인 시민의식과

민주적 참여를 촉진해야 한다.

함께 그려보는 우리의 미래(교육을 위한 새로운 사회계약),

UNESCO 국제미래교육위원회 보고서

사막여우, 창가의 앤, 알파카, 피너클스

교육과정은 학교에서 제공하는 경험과 학생이 학습을 통해 경험하는 내용의 총체입니다. 미래 사회가 요구하는 소양을 길러낼 수 있도록 흐름에 맞게 혹은 관점에 따라 변화하지요. 이번에는 우리의 교육 현장에 적용되는 2022 개정 교육과정과 IBDP 교육과정을 다음 네 가지 기준에 따라 비교해 보겠습니다. 2022 개정 교육과정의 더욱 구체적인 내용은 총론 해설[1]에서도 찾아보실 수 있어요.

교육이념과 Mission Statement

2022 개정 교육과정에서 내세우고 있는 교육이념은 교육기본법 제2조에서 뚜렷이 엿볼 수 있습니다. 이번 개정 교육과정은 디지털 전환 및 기후·생태환경 변화 등에 따른 미래 사회의 불확실성에 능동적으로 대응할 수 있는 주도성을 가지도록 교육을 구성하는 것을 목표로 하며, 이를 위해 공동체 의식과 언어·수리·디지털 등의 기초 소양을 내면화하여 평생 학습으로 교육을 지속하도록 하고 있습니다. 이러한 구체성을 가지고 있는 교육이념은 궁극적으로 인격의 도야, 인간다운 삶의 영위, 이를 통한 인류 공영의 이상 실현이라는 보편적인 가치를 나타냅니다.

---

1   교육부 고시 제2022-33호

IB 교육과정에서 교육과정의 궁극적인 목표는 Misson statement 에서 드러납니다. 2022 개정 교육과정과 마찬가지로 다음 세대를 이 끌어갈 학생들이 더 나은 세상을 주도할 수 있는 탐구력을 가지고 세계를 가꿀 수 있는 사람으로 성장하는 것을 목표로 하고 있어요. 특히 서로 다른 문화를 이해하고 세계적 관점에서 존중하는 사람을 기르고자 하는 등 글로벌한 관점에서 교육의 목표를 세우고 있습니다.

이처럼 두 교육과정의 목표를 통해 교육의 보편적 가치가 더 나은 세계와 삶으로의 이바지를 위한 자신의 인격 도야임을 확인할 수 있습니다.

2022 개정 교육과정 교육이념	IB Mission Statement[2]
우리나라의 교육은 홍익인간의 이념 아래 모든 국민으로 하여금 인격을 도야하고, 자주적 생활 능력과 민주시민으로서 필요한 자질을 갖추게 함으로써 인간다운 삶을 영위하게 하고, 민주 국가의 발전과 인류공영의 이상을 실현하는 데에 이바지함을 목적으로 하고 있다.	The international Baccalaureate aims to develop inquiring, knowledgeable and caring young people who help to create a better and more peaceful world through intercultural understanding and respect.

표2-1. 교육이념의 비교

인간상과 학습자상(Learner profile)

교육과정의 본질은 교육이 지닌 본연의 가치와 교육적 전통을

2　https://www.ibo.org/about-the-ib/

계승하는 데에 있습니다. 2022 개정 교육과정은 교육받은 사람이 보여주기를 기대하는 특성을 미래 교육에 대한 비전으로 담아 '포용성과 창의성을 갖춘 주도적인 사람'으로 성장하게 하는 것을 목표로 삼고 있어요. 교육과정이 중점으로 두고 있는 인간상이 보편적 가치를 적절히 반영하고 있다고 할 수 있는 것이죠. 마찬가지로 IB 교육과정도 어떤 학습자(learner)를 기르고 싶은지에 대한 목표를 학습자상(learner profile)으로 나타내고 있습니다.

2022 개정 교육과정에서 강조하는 '자기주도성'은 전인적 성장을 바탕으로 자아정체성을 확립하고 자신의 진로와 삶을 스스로 개척하는 것을 의미합니다. IB 학습자상에서 개인의 학습과 성장에 도움이 될 수 있는 자신의 강점 및 약점을 이해하고 경험에 대해 고민하도록 하는 '성찰하는 사람'과 유사하다고 할 수 있고요. 기초 지식과 전문 영역에 대한 깊이 있는 지식과 개방적인 태도로 독창적인 아이디어를 산출해 내는 '창의적인 사람'과 유사하게, IB 학습자상에는 '탐구'와 '지식', '사고' 및 '도전'을 각기 강조하며 세분화되어 있습니다. 다양한 문화에 대한 감수성과 공감적 이해를 기반으로 하는 '교양 있는 사람'은 IB 학습자상 차원에서 자신과 타인의 삶에 대한 지적, 물리적, 정서적 균형과 타인의 문화와 가치관을 '열린 마음'으로 수용할 수 있도록 강조하고 있음과 비교할 수 있고, 공동체 의식을 기반으로 존중과 배려를 실천할 수 있도록 '더불어 사는 사람'에 대해 IB 학습자상 차원에서는 경청과 협력을 위한 소통과 봉사 정신을 기반으로 한 '배려'에서 엿볼 수 있습니다. 이외에도 IB 교육과정에서는 공정

성과 정의감을 바탕으로 한 자신의 행동에 대한 책임을 강조하며 '원칙'을 지키는 사람이라는 학습자상을 목표로 하고 있고요.

아래의 표는 2022 개정교육과정의 인간상과 IB 학습자상을 연결하여 간단히 비교해 놓은 것이지만 각각의 인간상이 목표로 하는 역량에 공통점과 겹치는 부분이 있어 확실하게 구분되지는 않습니다.

2022 개정 교육과정 인간상	IB 학습자상(Learner profile)[3]
자기주도적인 사람	성찰하는 사람
창의적인 사람	탐구하는 사람, 지식이 풍부한 사람, 사고하는 사람, 도전하는 사람
교양 있는 사람	열린 마음을 지닌 사람, 균형 잡힌 사람
더불어 사는 사람	소통하는 사람, 배려하는 사람
	원칙을 지키는 사람

표2-2. 2022 개정교육과정의 인간상과 IB의 학습자상

핵심역량과 학습접근방법(ATL)

2022 개정 교육과정에는 교과교육과 비교과 활동(창의적 체험활동 등)을 통해 중점적으로 기르고자 하는 핵심역량이 제시되어 있습니다. 이는 교육 받은 사람이 갖추어야 할 능력을 요약한 것으로 볼 수 있는데 이 능력(역량)을 기를 수 있도록 학교 교육과정이 구성되는

---

3   IB 이해하기 자료집(경기도교육청 미래교육담당관, 2023)

것이지요.

　IB 교육과정에서는 '학습하는 법을 배우는 것'이 학생의 학습 과정에서 가장 근본적인 역할을 한다는 생각에 기초하여 학습에 요구되는 기능을 5가지 학습접근방법(ATL, Approach to Learning)으로 제안합니다.

2022 개정교육과정과 IBDP 교육과정 모두 목표하는 인간상(또는 학습자상)과 상호 연관되는 관계적 차원에서 핵심역량 및 ATL이 제시되고 있다는 특징을 가지고 있습니다. ATL 기능은 상호 연결되어 있는데, 이 ATL을 효과적으로 활용할 수 있도록 개념 중심의 수업을 설계하여 학생들이 더 효과적인 자율적 학습자가 되는 것을 지원합니다.

　표 2-3은 2022 개정 교육과정의 핵심역량과 IB의 학습접근방법(ATL)을 비교한 것입니다. 학습접근방법의 경우 기능적 차원에서 기술하고 있어 하나의 분야로 완벽히 구분되는 것이 아니라 우리의 핵심역량 여러 가지와도 연관될 수 있어요.

2022 개정교육과정 핵 심역량 (총론 p.33)	IB 학습접근방법(ATL)[4]		
자기관리 역량	자기관리기능 (Self- management)	Organization	Managing self Time Management Goal Setting
		States of mind	Mindfulness Perseverance Emotional Management Self-Motivation Resilience
지식정보처리 역량	조사기능 (Research)	Information -Literacy	Formulating & Planning Gathering & Recording Synthesizing & Interpreting Evaluating & Communicating
		Media -Literacy	Consuming & Processing Considering online Perspective Creating
		Ethical Use	Ethical Use Reliability of sources
창의적 사고 역량	사고기능 (Thinking)	Critical	Analysis Evaluation Forming Decisions
		Creative	Generating novel ideas Considering new Perspectives

---

4   https://twitter.com/OrenjiButa

		Transfer	Application Application in Multiple Contexts
		Reflection	Reflection Metacognition
심미적 감성역량			
협력적 소통 역량	의사소통기능 (Communi- cation)	Exchanging -information	Listening Interpreting Speaking
		Literacy	Reading Writing
		ICT	Media Representation Informed Choices
공동체 역량	사회적기능 (Social)	Intrapersonal	Self-Control Emotional Intelligence
		Interpersonal	Respecting Others Supporting Others Social Intelligence Resolving Conflict

표 2-3. 2022 개정교육과정의 핵심역량과 IB 학습접근방법

교수·학습의 중점과 교수접근방법

2022 개정 교육과정의 교수·학습 및 평가의 설계는 위에서 기술한 인간상과 핵심 역량을 기본 철학으로 구성되어 있습니다.

교수·학습의 중점 사항을 ①깊이 있는 학습, ②학생의 능동적 수업 참여, ③학생 맞춤형 수업설계, ④효율적 학습을 위한 교수·학습

환경 조성의 네 가지에 두고 있는 것이지요. 평가의 중점 사항 역시 ①학생 학습의 향상과 성장을 지원하는 평가, ②학습의 과정을 중시하는 평가, ③수행평가의 내실화와 학생 맞춤형 평가 활성화의 관점에서 제시하며, 학습자의 성장을 지원하는데 고려해야 할 원칙을 제안하고 있어요.

IB 교육과정에서도 '배우는 방법을 배우는 것'이 이루어질 수 있도록 6가지의 교수법 주요원칙을 제시합니다. 교수접근방법 (Approach to Teaching, ATT)을 통해 새로운 상황과 새로운 사실에 대한 표현에 적용할 수 있는 생각하는 힘을 기르고자 하여, 교수학습의 기본적 설계에서부터 관점을 가지고 평가에까지 주안점을 두고 있습니다.

아래의 표는 우리 교육과정의 교수·학습 및 평가의 중점과 IB 교수접근방법(ATT)의 주요 내용을 비교한 것입니다.

2022 개정 교육과정의 교수 · 학습 및 평가의 중점		IB 교수접근방법(ATT)[5]
깊이 있는 학습	핵심 아이디어 중심의 수업 설계 단편적 지식의 암기를 지양하고 각 교과목의 핵심 아이디어를 중심으로 지식 · 이해, 과정 · 기능, 가치 · 태도의 내용 요소를 유기적으로 연계하여 학생의 발달 단계에 따라 학습 경험의 폭과 깊이를 확장하도록 수업을 설계한다.	개념적 이해 개념적 지식은 이해를 위한 기초를 제공한다. 개념, 내용 및 ATL의 상호관계를 기반으로 교육과정 구성이 필요하다.

---

5 IB 이해하기 자료집(경기도교육청 미래교육담당관, 2023)

	삶과 연계한 의미 있는 학습 학습 내용을 실생활 맥락 속에서 이해하고 적용하는 기회를 제공함으로써 학교에서의 학습이 학생의 삶에 의미 있는 학습 경험이 되도록 한다.	**지역과 세계적 맥락으로 확장** 상황학습을 통한 자신의 경험 및 주변 세계의 연결 과정에서 새로운 정보를 처리하는데 중점을 둔다.
	탐구 방법의 학습 및 학습에 대한 성찰 여러 교과의 고유한 탐구 방법을 익히고 자신의 학습 과정과 학습 전략을 점검하며 개선하는 기회를 제공하여 스스로 탐구하고 학습할 수 있는 자기주도적 학습 능력을 함양할 수 있도록 한다.	**탐구 기반 교수법** 학습은 실제 사례가 개념, 아이디어, 이론 및 사실로 전환되는 과정에 의해 구성된다. 교사의 주된 역할은 질문을 장려하는 것이다.
학생의 능동적 수업 참여	**협동 학습 경험 제공** 개별 학습 활동과 함께 소집단 협동 학습을 통하여 협력적으로 문제를 해결하는 경험을 충분히 갖도록 한다.	**효과적인 팀워크와 협력 강조** 지식은 협력자 간 상호작용을 통해 공동으로 구성되는 것이며 학습은 사회적인 현상이다.
학생 맞춤형 수업 설계	**학생의 특성 고려** 정보통신 기술을 활용한 맞춤형 학습 활성화 개인적·사회문화적 다양성을 고려하는 수업 학습 결손 예방과 보충 학습 기회 제공 : 교과의 특성과 학생의 능력, 적성, 진로를 고려하여 학습 활동과 방법을 다양화하고, 학교의 여건과 학생의 특성에 따라 다양한 학습 집단을 구성하여 학생 맞춤형 수업을 활성화한다.	**학습자의 필요에 충족된 개별화교수 (UDL, Universal Design for Learing)** 정체성 확인(자존감 구축), 사전 지식, 스캐폴딩 학습, 학습 확장의 4가지를 주요 원칙으로 제시한다.
평가	가. 학생 학습의 향상과 성장을 지원하는 평가 나. 학습의 과정을 중시하는 평가 다. 수행평가의 내실화와 학생 맞춤형 평가 활성화	**평가 기반 교수** 학습을 돕고 결과를 측정하는 데 중요한 역할을 하는 형성평가와 피드백을 강조한다.

표 2-4. 2022 개정교육과정의 교수·학습 및 평가의 중점과 IB 교수접근방법(ATT)

교육과정 편제

2022 개정 교육과정은 학생의 적성과 진로, 그리고 기초 소양과 기본 학력을 모두 강조하는 체제를 기반으로, 교과(군) 174학점과 창의적 체험활동 18학점(288시간)을 이수하도록 하고 있습니다. 교과(군)는 국어, 수학, 영어, 사회, 과학, 체육, 예술, 기술·가정/정보/제2외국어/한문/교양의 8개로 구분되고, 이 8개 교과군의 필수 이수 84학점과 더불어 학생 개개인의 적성과 진로를 고려한 자율 이수 90학점으로 174학점이 구성되고요. 창의적 체험활동의 경우 자율·자치, 동아리, 진로의 3가지 활동으로 구분되어 있으며 3년간 최소 18학점을 이수하도록 합니다. 창체 활동의 경우 학점당 16시간으로 환산되어 288시간을 충족하도록 영역 및 시수 배정이 이루어집니다.

IB 교육과정 역시 학습자상 교육 철학을 반영하여 핵심 과정인 TOK(지식 이론), EE(소논문), CAS(창의, 활동, 봉사), 그리고 6개의 교과군으로 구성이 되어 있습니다. 6개 교과군은 순서대로 언어와 문학, 언어 습득, 개인과 사회, 과학, 수학, 예술인데, 각 교과군에서 하나의 과목을 선택합니다. 단, 예술 관련 과목을 선택하지 않고 타 과목 군에서 2가지를 선택할 수도 있어요. 일반적으로 3~4과목은 난이도가 높고 더 포괄적인 범위를 다루는 HL(High Level, 심화수준)을, 나머지 과목은 SL(Standard Level, 표준 수준)을 선택합니다. 우리 주변 세계에 속하는 세 가지 대상을 통해 지식이 어떻게 구성되어 나타나는지를 설명하는 전시회와 IB에서 제시한 6가지 주제 중

하나에 대한 1600 단어 길이의 에세이를 작성함으로써 평가가 진행됩니다. 전시회와 에세이 모두에 채점 기준표가 제공되어 학생들이 스스로 자신의 결과물을 피드백하고 평가하며 완성해나갈 수 있죠.

핵심과정(Core)은 6개 교과군의 학습 과정을 전인적으로 상호 연결하고, 동시성을 가진 채 운영할 수 있도록 넓은 시각으로 지원합니다. 그 중 지식이론(Theory of Knowledge, TOK)은 지식과 지식을 습득하는 과정에 대한 질문을 탐구하는 데 초점을 두고 있어요. 여기서 개발한 비판적 사고 과정을 6개 교과군 학문 공부에 활용할 수 있도록 하는 것이 중요한데 지식영역 간 비교와 연결을 강조하고 이 과정에서 자신과 타인의 관점을 더 잘 인식할 수 있도록 합니다.

소논문(Extended Essay, EE)은 교육과정 시간표에 포함되지 않기에 개인 시간을 할애하여 관심 분야의 주제를 스스로 선정하고 작성하는 약 4,000 단어 길이의 개별 연구 프로젝트입니다. 500 단어 이하로 구성된 성찰 일지 양식 등 준비 과정이 체계적으로 가이드 되어야 합니다. 자신이 선택한 여섯 교과군의 한 과목(또는 세계적 융합 주제)에 대한 에세이를 작성하는 과정을 통해 연구하는 역량을 기르는 것이 목표이지요. 작성된 에세이에 대한 평가는 외부 평가로 진행되며 준거 항목에 적합한지를 기준으로 점수가 부여됩니다. 소논문에 대한 분석적 평가 척도와 종류는 다음과 같습니다.

준거 영역 및 준거 항목	세부 평가 요소
항목 A : 초점과 방법	주제, 연구 질문, 방법론의 영역

항목 B : 지식과 이해	문맥적 연계성, 주제 분야의 전문 용어와 개념의 사례
항목 C : 비판적 사고	연구의 적절성, 연구의 분석, 논증과 연구 평가
항목 D : 형식성을 준수한 발표	연구 내용의 구조, 배치
항목 E : 참여	계획과 진행에 대한 성찰 양식 작성

표2-5. EE의 분석적 평가 척도와 종류[6]

창의·활동·봉사(Creativity·Activity·Service, CAS)는 IB 학습자 상의 윤리적 원칙을 따라 자신의 정체성 개발에 필요한 요소를 세 가지로 강조하여 DP의 교과학습 및 다양한 활동을 병행하도록 합니다. 이를 통해 자기 결단력과 협력을 발휘하고 성취감과 즐거움을 느낄 수 있는 기회를 제공하여 난이도 높은 학습 과정을 전인적으로 보완하는 역할을 하고요. 학생들은 자신의 관심과 가치에 따라 차별화된 활동에 참여하여 CAS 포트폴리오를 제출합니다. 포트폴리오에는 학생의 성찰이 담겨있어야 하며, 글, 작곡, 시, 동영상, 스크랩북 등 어떠한 형태의 유형으로든 가능한데, 학생 스스로 선택하고 구성하는 과정에서 자기 발견과 그 선택에 따른 결과를 깨닫는 과정이 드러납니다. CAS의 이수는 확인된 7가지의 학습 성과 달성 여부를 통해 결정합니다.

---

6 Extended Essay Skills for Success(Paul Hoang, Chris Taylor, Hodder Education)

학습성과	설명
성과1	자신의 장점을 찾고 성장 분야를 개발한다.
성과2	도전 과제를 수행하였으며, 그 과정에서 새로운 역량을 개발했음을 증명한다.
성과3	CAS 활동을 추진하고 계획하는 방법을 증명한다.
성과4	CAS 활동에서의 노력과 인내심을 보여준다.
성과5	개인의 역량을 입증하고 협력의 이점을 인식한다.
성과6	세계적으로 중요성을 지닌 이슈에 참여했다는 것을 증명한다.
성과7	선택과 행동에 대한 윤리적 측면을 자각하고 고려한다.

표2-6. CAS의 7가지 학습 성과[7]

아래는 2022 개정 교육과정과 IB 교육과정의 편제를 비교하여 주요 특징을 간단히 정리한 표입니다. 우리의 교육과정과 유사한 과정으로 대입해 볼 수 있는 내용들이 많아요.

2022 개정 교육과정 편제			IB 교육과정 편제[8]		
교과 (군)	공통과목	필수 이수 학점	교과 (군)	과목 수준	이수 시간

---

7   DP IB 디플로마 프로그램 자료집(경기도교육청 미래교육담당관, 2023)

8   https://www.ibo.org/programmes/diploma-programme/curriculum/ 및 DP IB 디플로마
    프로그램 자료집(경기도교육청 미래교육담당관, 2023) 재구성

046   CHAPTER II

국어	공통국어1, 공통국어2	8	Group 1	Studies in language and literature	HL	240
				언어A : 문학, 언어B : 언어와 문학	SL	150
수학	공통수학1, 공통수학2	8	Group 5	Mathmatics 수학적 학습(SL), 심화 수학(HL), 수학 SL, 수학 HL	HL	240
					SL	150
영어	공통영어1, 공통영어2	8	Group 2	Language Acquisition 언어 B, 언어 기초, 고전어	HL	240
사회	한국사1, 한국사2	6				
	통합사회1, 통합사회2	8	Group 3	Individual & Societies 경영, 글로벌 사회의정보 기술, 경제, 철학, 지리, 심리학, 역사, 사회문화 인류학 등	HL	240
					SL	150
과학	통합과학1, 통합과학2 과학탐구 실험1, 과학탐구 실험2	10	Group 4	Sciences 생물, 물리, 화학, 컴퓨터 과학, 디자인 테크놀로지, 스포츠 · 운동 · 건강과학 (SL)	HL	240
					SL	150
체육		10	교과가 아닌 CAS의 Activity로 이수			
예술		10	Group 6	The Arts 음악, 춤, 연극, 영화,시각 예술	HL	240
					SL	150

기술 · 가정/정보/제2외국어/한문/교양	16	Core	Theory of Knowledge(TOK)		100
소계	84	* 6개 교과군 중 3~4과목은 반드시 HL로 선택 * 통합교과 과정 편성 내용 1) 문학과 공연(SL, Group 1&6) 2) 환경 시스템과 사회(SL, Group 3&4)		
교과 총 이수 학점	3년 174 학점 (필수이수 84 + 자율선택 90)	교과 총 이수시간	2년 1,310시간, 약 93단위 (SL 3과목 + HL 3과목 + EE + TOK)		
창의 체험 활동	자율 · 자치 활동	18 (288 시간)	Core	CAS	Creativity	50
	동아리 활동				Activity	
					Service	
	진로 활동			CAS 포트폴리오 관리 및 작성 2~3가지의 구성 요소가 결합된 활동 가능		
				Extended Essay(EE)		40 (개별적으로 시간 할애)
총 이수 학점		192		TOK와 EE는 외부평가(EA) 과정 두 점수 합산하여 IBDP 총점 중 최대 3점 반영		

표 2-7. 교육과정 편제의 비교

CHAPTER III.
평가 비교

교사에게 필요한 평가 전문성은

정답이 분명한 문항을 출제하고

엄격하게 평가 결과를 산출하는 것이 아니라

대상의 복잡하고 미묘한 질적 특성을 감지할 수 있는

'교육적 감식안'이다.

'비평으로서의 평가'란 마치 비평가들이

예술작품의 가치를 새롭게 확인하듯,

학생들의 학습 과정과 결과를 통해

다양한 가능성과 잠재력을 확인하는 과정을 말한다.

Eisner, 1979

산호초, 애기똥풀, 사막여우

고등학교에서 평가의 의미?!

교육평가는 학습의 성과를 측정하고 평가하여 교수-학습의 개선과 학생의 성장을 지원하는 의미를 가집니다. 하지만 한국의 교실에서는 평가의 다양한 기능 중 대학 입시를 위한 중요한 척도라는 기능이 유독 강조되고 있습니다. 사정이 이렇다 보니 교수-학습의 과정과 결과로서의 평가의 의미보다 평가가 주도하는 수업, 즉 시험에 나오는 것을 주로 학습의 대상으로 여기는 수업이 주로 이루어지고 있습니다. 지필평가 문항을 제작하거나 수행평가를 계획할 때도 교육과정에서 강조하고 있는 성취 기준을 얼마나 성취하였는지 그 정도를 측정하려는 의도보다는 대입에 중요한 자료로 활용되고 있는 등급을 잘 변별해 낼 수 있는 문항 출제에 초점을 두기도 하고요.

이렇듯 고등학교 교육과정이 대학 입시에 종속되는 사태를 개선하기 위해서 교육부는 다양한 노력을 해오고 있습니다. 중등학교 학사관리 선진화 방안, 교육과정 개정 시행, 고교학점제, 국가교육위원회의 다양한 제안 등이 이와 같은 노력을 보여주고 있어요. 특히 2025년 고교학점제 전면 시행으로 인해 더욱 주목받고 있는 성취평가제는 2009 개정 교육과정 시행 시기인 2014년부터 도입, 운영되고 있는 제도입니다. 성취평가제는 개별 학생이 성취기준을 어느 정도 성취하였는가를 평정하는 일종의 절대평가 방식의 하나이죠.

성취평가제가 이미 10여년이 넘는 긴 시간 동안 학교 현장에 적용되어 개별 학생의 성취도를 과목에 따라 A~E 5단계, 혹은 A~C 3단계로 평정하여 제시하고 있음에도 성취평가라는 말이 어색하게 느껴지는 이유는 무엇일까요? 이는 무엇보다도 해당 과목의 수강자 중 학생의 상대적 성취도를 알려주는 9등급 상대평가 체제를 함께 도입하고 있기 때문일 것입니다. 성취평가 정보와 9등급의 상대평가 정보가 성적표에 같이 기록되어 학생과 학부모에게 제공되었음에도 불구하고 등급 정보만이 대입에 주요 정보로 활용됨에 따라 학생들과 학부모의 관심은 9등급 상대평가 정보에 집중되어 있었기 때문이지요.

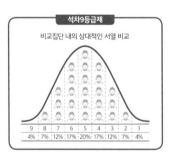

그림 3-1. 석차 9등급제와 성취평가제의 비교[1]

이로 인해 학생들에게 제공되는 성적표나 학교알리미에서 제공되는 학교별, 교과별 학업성취 사항의 성취도별 분포 비율 등의 성취평가

—
1 고교 내신 개편안과 성취평가제(교육부 외)

관련 정보는 의미 있게 해석되거나 수업에 활용되지 않고 있는 실정입니다. 교사, 학생, 학부모 모두 성취평가 결과보다는 9등급으로 산출되는 내신 정보에만 집중하다 보니, 문·이과의 장벽을 없애고 자신이 원하는 과목을 선택할 수 있도록 허용하였음에도 불구하고 실제적으로는 과목 선택에 제약을 가질 수밖에 없었습니다.

얼마나 많은 학생이 해당 과목을 듣느냐에 따라 1등급을 받을 수 있는 학생들의 수가 달라지니까요. 자신의 진로와 적성을 고려한 과목 선택이 아니라 전략적인 유불리를 따져 과목을 선택할 수밖에 없는 구조적인 문제가 있었던 셈이죠. 또 우여곡절 끝에 선택한 과목을 수강할 때에도 늘 주변의 친구들을 의식해야 하는 상대평가 상황에서는 더 높은 수행평가, 지필평가 점수를 받기 위한 눈에 보이지 않는 경쟁에 시달려왔다고 할 수 있습니다.

평가 개선을 위한 노력

현장에서 고등학생들을 만나면 아이들이 느끼는 부담이 상당히 크고, 그로 인한 스트레스가 심각하다는 것을 절감합니다. 공부가 고통으로 느껴지는 안타까운 일이 벌어지고 있는 것이지요. 2025학년도부터는 고교학점제의 전면 시행과 더불어 2022 개정 교육과정이 함께 시행됩니다. 이런 흐름에 발맞추어 그간 고등학교 평가 방식의 문제점을 개선하기 위해 고안된 2028 대학 입시제도 개편 확정안(교육부, 2023)이 발표되었습니다. 이 개편안은 수학능력시험과 내신(학생부)의 공정성, 학생들의 미래 역량 함양을 도모한다는 목적을 가지고 있으며, 구체적인 방법으로는 통합형 수능, 내신 5등급 절대 평가와 상대평가의 병기 방식이 제안되었습니다.

고교학점제가 원래의 취지대로 학생들이 적성과 진로를 고려한 과 목 선택이 이루어질 수 있도록 하기 위해 절대평가의 일종인 성취평 가제의 전면 도입과 성취기준에 도달한 정도를 확인할 수 있는 성취 수준 평정 등이 중요한 이슈가 됩니다. 따라서 현장에서는 고교학점 제 도입과 관련하여 고등학교 내신 체제를 전면 성취평가제로 전환 하여 운영할 것이며 이로 인해 고등학교 교육과정이 정상적으로 운 영될 수 있으리라는 기대가 있었어요.

고교학점제를 도입하면서 5등급 상대평가 결과를 병기하는 결정 에 대해 학교 현장의 아쉬움과 반발은 상당한 수준이었습니다. 그러 나 9등급에 비해 상대적으로 느슨한 경쟁과 성적 과대/과소 평가 현 상에 대한 우려를 잠재울 수 있는 과도기적 성격을 띤 교육지책이었 다고 생각한다면 그간의 왜곡된 혹은 편향된 교육평가의 기능을 다 소 완화할 수 있는 방편이 되리라 생각하고 아쉬움을 달래봅니다.

논·서술형 내신 평가의 확대

2028 대학 입시제도 개편 확정안(교육부, 2023)에서 눈에 띄는 것 은 논·서술형 내신 평가를 확대하겠다는 부분입니다. 그간 논·서술 형 내신평가의 장점, 즉 창의력과 문제해결력 등 고차적 사고력을 함 양할 수 있으며 지식 그 자체보다는 지식을 활용할 수 있는 능력을 평가할 수 있다는 점이 끊임없이 강조되어 왔습니다. 일례로 경기도

의 경우 모든 교과의 학기 단위 평가에서 논술형 평가의 반영 비율을 35% 이상으로 하도록 하는 규정을 가지고 있습니다(경기도교육청, 2024).

교육학자들은 교육평가의 기능을 크게 3가지로 이야기합니다. 학습에 대한 평가(assessment of learning), 학습을 위한 평가(assessment for learning), 학습으로서의 평가(assessment as learning)가 그것입니다. 먼저 학습에 대한 평가는 학생이 학습한 결과를 측정하는 것으로 선발 등의 의사결정을 위한 평가의 기능을 강조합니다. 학습을 위한 평가는 학생들의 학습을 돕기 위해 피드백을 제공하거나 교사가 교수과정을 개선하기 위한 정보를 얻고자할 때 이러한 기능을 강조하는 평가입니다. 마지막으로 학습으로서의 평가는 평가의 과정을 통해 학생이 학습의 과정을 진단, 개선할 수 있다는 기능을 강조할 때 사용되는 용어이고요.

평가의 패러다임이 점차 학습에 대한 평가에서 학습을 위한 평가 혹은 학습으로서의 평가로 변화하고 있음은 과정중심평가, 교육 과정-수업-평가-기록(일명 교수평기)의 일체화 등의 용어가 교육현장에서 익숙하게 사용되고 있음을 통해 알 수 있습니다. 내신 평가에서 논·서술형 평가를 강조하겠다는 것은 학생들의 답안을 작성하는 과정과 또 답안을 작성하기 위한 과정 자체의 학습적 기능을 강조하겠다는 의미로 볼 수 있겠지요.

논·서술형 평가의 장점이 뚜렷함에도 불구하고 이를 적극적으로 사용하고자 할 때 발목을 잡는 것은 '평가 결과의 공정성'에 대한 시비 때문입니다. 선택형 문항과는 달리 논술형 문항의 경우 그 결과를 쉽게 납득하지 못하는 경우가 빈번하게 일어납니다. 논술형 문항을 제작할 때 이미 교사의 교육과정(성취기준) 해석이라는 전문적 판단과 또 이를 기반으로 만들어진 평가 요소와 평가 요소별 수행 수준 진술, 또 이를 채점 기준으로 구체화한 것을 사전에 공지함에도 불구하고 공정성 시비가 계속되는 이유는 무엇일까요?

이는 결국 교사의 판단에 오류가 있을 수도 있다고 생각하는 평가 전문성에 대한 불신, 그리고 모든 시험이 고부담으로 치러지는 학생 입장에서 1점도 놓치고 싶지 않은 욕망 등이 반영된 결과라 할 수 있습니다. 매 학기 수행평가 채점에 큰 공을 들이는 교사 입장에서는 들이는 노력에 비해 피드백이 좋지 않으니 논·서술형 평가의 확대가 크게 반가운 일이 아닐 수도 있습니다.

교육부는 점차 내신에서 논·서술형 평가를 확대해 나가겠다고 발표하였고, 국가교육위원회에서는 더 나아가 장기적으로 논술형으로 수능을 출제함을 고려하고 있으니,[2] 학생의 역량을 신장시키면서도 동시에 공정성의 시비가 없도록 하는 두 마리 토끼를 다 잡을 방안을 마련해야할 것입니다.

일반적 루브릭을 사용하는 IB의 평가

IB의 경우 논술형 평가를 일찍이 도입하여 평가 유형에 따라 평가 기

---

2   미래 사회 대비 대학입시제도 개선 방안 연구(국가교육위원회)

준을 세분화하고 채점 기준(루브릭)을 구체화하여 각 과목별 가이드에 그 상세한 내용을 싣고 있어요.

예를 들어 언어와 문학 과목의 경우 시험 1(paper 1)에서 사용하는 평가 기준을 '이해 및 해석(understanding and interpretation)', '분석 및 평가(analysis and evaluation)', '초점 및 구성(focus and organization)', '언어(language)' 등으로 정해놓고 해당 기준에 각 5점 척도를 사용하여 각 수준을 진술해 놓는 방식입니다. 이 평가 기준은 문항에 따라 달라지는 것이 아니라 모든 문항에 상관없이 동일한 채점 기준을 사용하고 있다는 의미에요.

IB에서는 거의 대부분의 평가가 논술형으로 이루어지고 학생들이 작성하여 제출하는 에세이도 분량이 많은 편입니다. 우리나라 학교 현장에서 사용되고 있는 논술형 평가는 문항마다 세부적인 평가 기준을 마련함에도 불구하고 매 학기 학생, 학부모의 민원을 무시할 수 없는 상황인데, IB의 평가에 대해서는 상당한 수준의 공신력을 인정받고 대학 입시에 그 결과를 그대로 활용하고 있다는 의미입니다. 논술형이라는 유사한 유형의 평가 방식을 활용함에도 불구하고 평가 결과에 대한 서로 다른 반응이 나타나는 것은 무엇 때문일까요?

한국의 채점 기준표와 IB의 루브릭에서 수행 수준을 구분하는 방식이 크게 다르지 않음에도 불구하고 서로 다른 반응이 나타나는 이유 중 하나는 채점 기준표에 대한 학생들의 친숙도와 관련이 있는 것으로 보입니다. 우리나라의 경우 교사가 출제한 논술형 문항이 도출된 교육과정 성취기준에서 강조하고 있는 내용 요소와 기능 요소에 따라 평가 요소를 도출하기 때문에 문항별로 각기 다른 채점 기준표가 마련됩니다. 이런 채점 기준표를 과업 특수적 채점 기준표라 합니다. 하지만 IB의 경우 해당 과목에서 사용하는 루브릭은 문항에 따라 달라지는 것이 아니라 모든 문항에서 공통으로 사용할 수 있는 일반적 루브릭을 활용하고 있는 것이지요.

구분	일반적 루브릭	과업 특수적 루브릭
특징	유사한 수행평가 과제에 하나의 채점 기준표 활용	하나의 수행평가 과제에 맞게 개발된 하나의 채점 기준표 활용
강점	◆ 학생들이 우수한 수행의 본질을 이해하고 한 과제에서 다음 과제로 일반화하는 데 지침으로 활용 가능함 ◆ 교사는 학생에게 주어진 과제에만 집중하게 하기보다 더 높은 수준의 지식이나 기술을 길러가는 과정으로 안내 가능함 ◆ 학생은 과제 수행 중 자기평가를 할 수 있으며, 채점 기준표 개발에 영향을 줌	◆ 교사가 학생의 수행평가 과제를 채점하기 쉬움 ◆ 교사가 학생이 특정한 사실, 지식, 방법, 절차 등을 알고 있는지를 알고자 할 때 유용함
한계	◆ 채점자 간 일치도가 낮을 수 있음 ◆ 잘 적용하기 위해서는 채점 기준표에 대한 학습과 많은 연습이 필요	◆ 모든 수행평가 과제에 대해 채점 기준표를 개발하는 데 많은 시간과 노력이 소요 ◆ 해당 과제에 대한 '일반적인 우수한 수행'의 본질에 대해 알 수 없음

표 3-1. 일반적 루브릭과 과업 특수적 루브릭[3]

---

3   2024 중등 학생평가 및 학업성적관리 이해하기(경기도교육청) 재구성

문항에 관계없이 동일한 채점 기준을 적용하는 일반적 루브릭의 장단점은 분명합니다. 학생들의 입장에서 어떤 문항이든 관계없이 동일한 채점 기준이 사용된다는 것은 학생들이 답안을 작성할 때 고려할 점이 정해져 있다는 뜻이 됩니다. 달리 말하면 이미 여러 번의 평가를 통해 루브릭 자체를 학습한 학생들은 학습을 할 때 어떤 것을 중점으로 공부해야 하고, 이를 답안에 어떻게 반영해야 하는지를 알게 된다는 의미가 되는 것이지요. 이는 학습자의 학습 방향성 설정에 크게 기여한다는 점에서 의미가 있습니다. 평가 자체가 학습으로서 기능할 수 있기 때문이에요.

또한 일반적 루브릭을 사용하면 답안을 작성하면서 자신이 얻을 점수를 이미 일정 부분 예상할 수도 있습니다. 따라서 채점 결과에 대한 동의 수준을 상당 부분 끌어올릴 수 있다는 장점이 있어요. 자신이 작성한 답안에 대해 어떤 강점과 약점이 있는지 학생 스스로가 더 잘 알고 있을 수 있기 때문이지요. 따라서 다음 번 학습, 다음 번 평가를 준비할 때에는 자신이 어떤 부분을 보완해야 할지 학습 전략을 수립하는 데도 기여한다고 할 수 있습니다. 논술형 문항을 우리 교육 현장에 전면 도입하는 데 있어 가장 큰 걸림돌 중 하나인 평가 결과의 공정성 시비를 해결할 수 있는 방안으로 일반적 루브릭의 적용 가능성을 시험해 볼 필요가 있다고 생각합니다.

Marking Notes를 활용하여 채점 기준의 구체성을 더하기

그러나 모든 문항에 채점 기준을 동일하게 적용할 경우 문항별 특수성을 반영할 수 없다는 단점이 생길 수 있겠지요? IB에서는 이러한 점을 고려하여 개별 문항에 대한 marking notes를 채점 과정에서 만들어 활용하고 채점 결과와 함께 IB 공식 홈페이지 프로그램 자료실(program resource center, PRC)에 공개합니다. 이는 채점 시 중요하게 고려되었던 내용 요소들을 나열한 것이라 할 수 있어요. 예를 들어 특정 문항에서 '채점 기준 A: 분석'하는 능력을 지문에 포함된 '비유적 표현을 잘 찾아내고 그 효과를 분석할 수 있는가?'를 통해 평가했다면 비유적 표현과 그 효과를 marking notes에 정리하여 제공하는 것이지요. 이렇게 하면 특정 문항에서 요구하는 답안의 특수성을 반영하는 채점 기준표가 만들어진다는 점에서 채점자들의 채점 시간이 눈에 띄게 단축될 수 있다는 장점이 있습니다.

또한 각 문항에 응답한 학생들의 답안지 일부를 첨삭하여 함께 교사 자료실에 제공하기도 합니다. 이는 채점 기준을 적용했을 때 각 답안이 어느 수준으로 평정되는지에 대한 정보를 제공하기 때문에 교사와 학생에게 상당히 유용할 수 있어요. 학생의 입장에서는 자신들이 받을 점수를 예측해 볼 수 있을 것이고, 문항에서 요구하는 답안을 작성하는 방안을 다른 학생들의 답안을 통해 배울 수 있는 기회를 제공받을 수 있습니다. 따라서 평가 결과 자체가 후속 학습의 방향을 제공하는 데에도 유용하게 사용될 수 있지요. 교사 입장에서도 기준이 되는 답안을 통해 자신의 평가 관점을 명확하게 할 수 있으며 답안을 수월하게 채점하는 데 표지로서 활용할 수 있어 채점 시간이 크게 단축될 수 있습니다.

만약 IB에 입문하는 교사라면 그간의 marking note를 통해 채점 기준에서 이야기하는 각 수준에 가장 적합한 답안(best fit)을 구체적으로 이해하는 데 도움을 얻을 수도 있으리라 생각합니다. 교사의 평가 전문성을 전 세계에서 통용되는 기준(global standard)으로 끌어올리는데 도움이 될 것이라는 뜻입니다.

다양한 형태의 반응지시어 활용

많은 고등학교에서 논·서술형 평가는 주로 지필평가에서 서답형 문항의 형태이거나 수행평가의 한 형태로 논술형을 이용합니다. 먼저 지필평가에서 서답형 문항은 채점의 객관성을 유지할 수 있는 형태의 단답형이나 한 문장 정도의 짧은 답안을 작성하도록 하는데, 함께 출제된 객관식 문항과 문제 풀이 시간을 고려해야 하기에 아무래도 자신의 생각을 길게 논술하기에는 어려움이 있습니다. 이 경우 학생의 깊은 사고를 유도하는 발문보다는 응답이 매우 제한되는 형태로 발문하게 되지요.

반응지시어란 학생이 답안을 어떻게 써야 할 것인지를 지시하는 동사로 학생이 어떤 사고과정과 행동, 산출물을 보여야 하는지를 결정하는 키워드가 됩니다. 따라서 논·서술형 평가 문항 출제에 핵심적인 요소라 할 수 있어요. 지필평가에서 서답형 문항을 출제할 경우 학생의 반응을 유도하는 반응지시어가 '~에 대한 것을 본문에서 찾아 서술하시오.', '<조건>을 고려하여 한 문장으로(혹은 00자 내외로) 서술하시오.' 등의 형태로 매우 제한적으로 주어지는 것이죠. 이러한 형태의 문항이 만들어지는 이유는 다양한 반응지시어를 사용하면 학생 답안의 자유도가 높아져 채점이 용이하지 않기 때문입니다.

그러나 이러한 문항이 논술형 평가의 원래 목적, 즉 학생의 창의력, 문제 해결력과 같은 고차적 사고를 촉진하는 문항인가에 대해서는 점검이 필요합니다. 문항의 형태를 달리하였을 뿐 선다형 문항과 같은 낮은 수준의 사고를 측정하고 있을 가능성이 높기 때문이에요. 따라서 학생의 논리적 사고력을 드러내도록 하여 측정하는 문항은 아무래도 한 차시 혹은 여러 차시에 걸쳐 문항에 답할 수 있도록 시간을 허용하는 수행평가의 한 형태로서 논술형을 사용할 때 주로 활용됩니다.

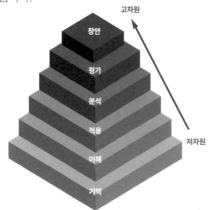

그림 3-2. Bloom의 인지적 목표 위계

앞서 언급한 것처럼 학생의 다양한 사고 기능을 측정하기 위해서는 학생의 응답을 요구하는 반응지시어가 다양해질 필요가 있어요. IB에서는 학생의 반응을 요구하는 반응지시어를 수행지시어

(command term)라는 용어로 Bloom의 인지적 목표 위계와 연계하여 40여 개 이상으로 세분화하여 나열합니다. 예를 들어 '분석하시오'와 같은 반응지시어는 '필수 요소나 구조를 파악하기 위해 세분화를 요구하는 지시어로 부분과 전체의 관계를 파악하고 정보를 해석하여 결론을 도출하도록 할 때 사용한다'와 같이 그 의미를 구체화하여 수업과 평가 장면에서 활용될 수 있도록 하는 것이지요.

경기도교육청이 발간한 「2024학년도 중등 학생평가 및 학업성적 관리 이해하기」 자료에 포함되어 있는 논술형 평가의 반응지시어들은 논술형 평가 문항의 다양한 활용을 지향하고 있음을 보여줍니다. 그간의 한국 교육 현장에서 활용하고 있던 논술형 문항이 '서술하기'나 '논증하기' 정도의 의미에 그쳤다면, 교과 교육과정 내용 체계의 '과정·기능'을 참고하여 교과의 다양한 기능들을 측정할 수 있는 문항으로 변형, 확장되어 사용할 수 있는 가능성을 보여주고 있어요.

반응지시어	의미
요약하시오	글에 나타난 중심 생각을 체계적으로 정리한다
분류하시오	유사한 특성을 갖는 대상을 유목화한다 하위 개념을 상위 개념으로 묶어간다
구분하시오	사람이나 사물, 주제, 개념 등을 유형에 따라 집단으로 나눈다 상위 개념을 하위 개념으로 나눈다
비교하시오	두 개 이상의 대상에서 공통점(유사점)과 차이점을 드러내 진술한다
대조하시오	비교 대상의 차이점을 강조하여 진술한다
의견을 제시하시오	주어진 주장이나 결과에 대한 자신의 판단을 제시한다

묘사하시오	무엇에 대해 말하는지 알 수 있도록 핵심 특징을 서술한다
설명하시오	구체적인 사례를 들어 용어를 정의한다
분석하시오	진술된 문장을 구성 요소로 분류하여 각각의 의미와 관계를 말한다
예측하시오	미리 헤아려 짐작한다
추론하시오	이미 알고 있는 또는 확인된 정보로부터 논리적 결론을 도출한다 즉, 어떠한 판단을 근거로 삼아 다른 판단을 이끌어내는 것이다
평가하시오	발상이나 의견의 상대적 중요성을 평가하고 판단한다
적용하시오	주어진 문제상황에 지식, 이해(원리, 이론, 법칙 등)를 사용한다
구성하시오	논리적 형식이나 도식 등을 활용하여 정보를 나타낸다
비평하시오	대상이 되는 작품이나 주장에 비판적인 견해를 제시한다
논증하시오	주장에 대해 이유와 근거를 들어 설명한다
서술하시오	주어진 상황에 대해 상세하게 글이나 그림으로 설명한다
해석하시오	지식을 이용하여 주어진 정보의 흐름을 파악하고 결론을 내린다

표 3-2. 다양한 유형의 반응지시어[4]

이렇듯 다양한 반응지시어를 활용하면 다양한 교과에서 논술형 문항의 활용 가능성이 높아집니다. 교과마다 서로 다른 지식의 구조를 가지고 있기 때문에 특정 교과에서 자주 활용되는 사고 기능은 서로 다를 수밖에 없거든요. 따라서 교과에서 필요로 하는 사고 기능을 촉진할 수 있는 반응지시어도 다양하게 사용될 것입니다. 여러 교과를

---

4 2024학년도 중등 학생평가 및 학업성적관리 이해하기(경기도교육청)

배우면서 학생들은 반응지시어를 다양하게 접하고, 이에 적절하게 답하는 과정을 통해 고차적 사고 기능을 연습할 수 있게 되고요.

경기도교육청에서는 2025학년도 중학교 1학년 '생각의 힘을 키우는 학기'를 운영하면서 논술형 평가 문항과 수업이 연계되는 사례를 다양하게 제시하고 있습니다. 생각의 힘을 키우는 학기는 학생들이 다양한 평가방식 중에서 논술형 평가로 평가를 받는 학기를 의미하는데, '생각의 힘을 키우는 학기' 논술형 평가 운영 도움 자료를 보면 논술형 평가에서 사용되는 반응지시어가 수업과 어떻게 연계되는지를 잘 알 수 있습니다. 예를 들어 역사 과목에서 '한국전쟁의 발발 과정을 순서대로 서술하시오.'라는 문항을 해결하기 위해서는 수업 시간에 '타임라인 만들기', '주요 사건과 인물에 대한 카드게임' 등을 통해 사고를 확장해 나가는 과정을 연습할 수 있는 것이지요.

과목	문항 예시	학생 참여형 수업 예시
역사	한국전쟁의 발발 과정을 순서대로 서술하시오.	◆ 타임라인 만들기 ◆ 주요 사건과 인물에 대한 카드게임: 　 역사적 사실과 개념 학습
과학	광합성 과정과 그 과정이 왜 중요한지 설명하시오.	◆ 실험활동 : 식물이 빛을 어떻게 　 에너지로 변환하는지 관찰하고 　 도식화하기
	광합성의 과정과 원리를 이용하여 우리 학교 정원을 더 푸르고 건강하게 만들 수 있는 방법을 제안하시오.	◆ 정원 가꾸기 프로젝트를 통해 배운 　 이론 적용하기 ◆ 그 과정에서 발견한 문제점과 　 해결책 토론하기

국어	소설 '소나기'에 등장하는 인물들 간의 관계를 **분석하고**, 이 관계가 전체 이야기에 어떤 영향을 미치는지 **설명하시오.**	◆ 소설 읽기 ◆ 등장 인물 간의 관계도 작성하기 ◆ 등장 인물의 관계가 이야기 전개에 어떻게 기여하는지 토론하기
사회	최근 뉴스에서 제시된 환경보호 대책 중 가장 효과적인 것을 **선택하고**, 그 타당성을 **밝히시오.**	◆ 다양한 환경 보호 대책 조사하기 ◆ 환경 보호 대책의 효율성 분석하기 ◆ 발표하기, 피드백하기
	자신이 살고 있는 지역의 문화나 특징을 바탕으로 새로운 학교 축제의 아이디어를 **기획하고**, 이 축제가 학교와 지역사회에 어떤 긍정적 영향을 미칠 지 **의견을 제시하시오.**	◆ 지역의 문화와 전통 조사하기 ◆ 학교 축제를 기획하는 프로젝트 설계하기(축제의 목적, 주요활동, 기대효과 등) ◆ 발표하기, 피드백하기

표 3-3. 다양한 유형의 반응지시어와 수업의 연계성 [5]

상호주관성(intersubjectivity) 획득하기

논·서술형 문항 출제와 동시에 교사들은 학생 답안을 채점할 채점 기준을 세우고, 이를 수준에 따라 세분하는 작업을 함께 실시합니다. 또 이 수준을 문항 배점을 고려하여 점수로 변환하는 사전 작업이 필요하지요. 문항 출제 이후에도 이와 같이 다양한 작업을 해 두어야 하기 때문에 출제 이외에도 많은 시간과 공이 듭니다. 만반의 준비를 마쳤다고 생각했지만 학생들의 답안을 받아보면 또 다른 산을 마주하게 됩니다. 학생 답안은 너무나 다양하기 때문입니다.

논·서술형 문항은 객관식 문항에 비해 학생들의 답안 작성 자유도

---

5 생각의 힘을 키우는 학기: 논술형 평가 운영 도움자료(경기도교육청 교육과정정책과)

가 높습니다. 객관식, 선다형 문항의 경우 학생들은 이미 제시된 답안에서 하나 혹은 둘 이상을 선택하는 것 정도의 응답을 요구받습니다. 그러나 논·서술형의 경우 학생 답안은 아주 다양하게 산출될 수 있어요. 어찌보면 논·서술형 문항이 학생의 창의성 계발을 목표로 하는 문항이기 때문에 당연한 결과겠지요. 그러니 논·서술형 평가의 경우 채점에 드는 시간이 길 수밖에 없고요.

학생들의 답안을 읽고 이를 수준에 따라 분류하는 작업에서 사전에 세워둔 채점 기준별 수행 수준에 대한 진술이 사용됩니다. 채점자에 따라 이 수행 수준에 대한 이해는 상당히 다를 수밖에 없어요. 수행 수준은 객관적인 수치 등으로 기록되는 것이 아니기 때문입니다. 따라서 채점 이전에 채점자들 사이의 상호주관성을 획득하는 과정은 필수적입니다.

IB에서는 채점자간 상호주관성을 획득하기 위해 몇몇의 샘플 답안을 채점하고 수준에 대한 채점자들의 공동 이해를 도모합니다. 이 과정을 조정(moderation)이라고 하는데, 조정 과정은 채점에 있어 매우 중요한 절차입니다. 사전에 설정한 수행 수준, 학생의 샘플 답안을 활용하여 채점자들이 같은 관점을 가질 수 있도록 하기 때문이에요. 조정 이후 채점자들은 각자 자신에게 할당된 답안들을 채점하고 채점 결과의 일치도를 확인하는 방법으로 채점 과정의 신뢰도를 확보합니다. 채점 결과는 채점자 1인에 의해 채점된 결과가 아니라 여러 채점자가 합의한 결과로 이해되고요.

조정을 거쳐 채점된 결과가 여러 채점자가 합의한 결과로 간주된다는 것은 한국의 교육 현장, 특히 채점 결과에 대한 시비, 민원 등의 문제에 시사하는 바가 크다고 생각합니다. 물론 IB처럼 별도의 채점 비용을 받는 채점자 인력풀이 만들어져 있는 것도 아니고 교사가 출제, 채점 기준 마련, 실제 채점, 결과 공지, 사후 처리까지 모든 과정을 짧은 시간 내에 해내야만 하는 상황을 고려한다면 모든 답안을 교사가 공동채점 할 것을 한다고 제안할 수는 없습니다. 그러나 미리 세워둔 채점 기준별 수행 수준을 잘 대표할 수 있는 답안 샘플을 가지고 교사간 협의 과정, 조정 과정을 거친다면 채점 과정을 통해 교사의 평가 전문성 신장, 채점 결과에 대한 공동 대응 등이 가능할 수 있으리라 생각합니다.

내부평가와 외부평가

한국의 고등학생들은 내신 성적을 철저히 관리합니다. 고등학교 내신 성적은 크게 9등급의 상대평가 정보가 기록되는 정량적 평가 점수와 교과별로 교사가 세부특기사항을 기록해주는 정성적 평가로 나뉩니다. 이들은 모두 학교 생활기록부에 기록되고 주로 대학 입시에서 수시모집에서 활용됩니다. 2026학년도 대입전형 시행계획에 의하면 수시 모집은 79.9%로 대학수학능력시험 점수로 모집하는 정시 모집의 21.1%에 비해 상당히 많은 인원을 모집하기 때문에 많은 학생들은 내신 관리에 상당한 시간과 노력을 기울일 수밖에 없습니다.

　내신 평가를 위해 학교에서는 교육과정에 기반하여 지필 및 수행 평가 계획을 수립하고 이에 따라 문항을 출제하여 시험을 치릅니다.

이런 과정들은 고등학교 교육과정을 충실하게 따라가는 정량, 정성적으로 좋은 평가를 얻을 수 있는 구조라 할 수 있어요. 학교생활기록부를 기반으로 하는 수시 모집의 비율이 정시에 비해 상대적으로 높은 것은 고등학교 교육의 내실있는 운영과 그 결과를 신뢰하겠다는 정책에 기반한 것이기에 고등학교 교육의 정상화에 기여하는 바가 있다고 생각합니다.

정시 모집의 경우에서는 대학수학능력시험의 결과를 기반으로 학생들을 선발합니다. 이는 전국 단위의 대규모 검사이기 때문에 단위학교에서 문항을 출제하는 것이 아니라 외부의 공신력 있는 평가기관에 시험 운영, 출제, 관리를 일임하여 운영하고 있어요. 한국교육과정평가원은 대학수학능력시험의 운영과 출제, 또 결과 분석을 위해 많은 전문가 인력풀을 만들고 매년 시험을 관리 운영합니다. 대규모 표준화 검사의 성격을 띄고 있는 대학수학능력시험의 경우 채점의 용이성과 평가의 객관성을 담보하기 위해 5지선다형의 문항으로 국어, 수학, 영어, 한국사와 탐구 과목, 제2외국어 과목들의 문항을 출제하고요.

IB에서는 대학 입학을 위해 고등학교 과정을 이수하는 것을 디플로마 과정을 이수하였다고 표현합니다. 모국어(언어A), 외국어(언어B), 인문사회, 자연과학, 수학, 예술 및 자율선택의 6개의 과목 외에도 지식이론, 소논문, 창의·활동·봉사의 세 개 핵심과정(CORE)을 모두 이수하여야 합니다. 6개 과목에 대해서는 각 과목당 7점씩 총 42점, 핵심과정에서 얻는 3점을 합산하여 총점 45점 중 자신이 획득한 점수로 대학 입시에 응시합니다.

이때 학생이 각 과목, 혹은 핵심과정에서 얻을 수 있는 점수는 학교 내부에서 평가하는 내부평가와 IBO 본부에서 평가하는 외부평가의 점수가 합하여지는 형태입니다. 언뜻보면 내부평가는 한국의 내신평가, 외부평가는 한국의 대학수학능력 시험에 해당하는 것으로 오해할 수 있으나 실상은 그렇지 않아요.

IB 디플로마 과정을 이수하는 학생들은 2년의 디플로마 과정을 거치면서 학교 자체에서 출제 평가하는 내부평가를 받지만, 이는 대학 입시에 반영되지 않습니다. 학교 수업을 통해 배우는 내용들은 각 과목과 핵심과정에서 작성해야 하는 에세이나 소논문 작성 등에 필수적인 요소들을 연습하는 과정으로서 의미를 가지므로 학사 일정에 따라 치러지는 시험은 형성적 평가(formative assessment)로서 기능합니다.

그렇다면 디플로마 과정의 내부평가란 무엇을 의미할까요? 디플로마 점수에 포함되는 내부평가 점수는 언어 과목에서는 프레젠테이션, 지리 및 사회 과목에서는 현장 학습 및 보고서 작성, 수학 과목에서는 탐구 보고서 작성, 예술 과목군에서는 공연 및 보고서 작성 등으로 진행됩니다. 이들 내부평가는 교과 교사에 의해 평정되는데, 그 평가 결과는 IBO에 의해 철저히 공정성을 확보하는 장치를 두어 판정에 대한 시비를 차단합니다. 주관식 평가의 객관성을 유지하는 방법으로는 교차 채점, 내부평가 자료를 지역 본부로 보내 외부 채점관의 검토를 거치고, 그 일부가 다시 국제 본부로 가서 최종 검토를 거치는 시스템을 활용하는 방식을 사용하고요.

외부평가는 디플로마 과정 마지막 학기에 실시되는데 학생들은 각자 재학 중인 학교에서 시험을 치르고 평가의 출제 및 채점은 전적으로 IBO가 주관·운영합니다. 이러한 방식은 한국의 대학수학능력시험이 한국교육과정평가원에 의해 운영되는 방식과 유사하다고 할 수 있어요. 이 외부평가 결과 역시 주관식 평가의 경우 교차 채점 방식으로 훈련된 채점관들의 채점을 통해 채점 결과에 대한 신뢰를 확보합니다. 최근 국내에서도 논술형 수능 논의가 활발해지고 있기에 우리보다 앞서 논술형 평가로 대입 결과를 산출한 IB의 사례와 결과를 참고할 필요가 있습니다.

CHAPTER IV.
IB를 알고 난 이후 우리의 도전과 변화

지식만으로는 충분치 않고 실제로 적용해야 한다.

의지만으로는 충분치 않고 실제로 행해야 한다.

요한 볼프강 폰 괴테(Johann Wolfgang von Goethe)

좋은 질문을 활용한, 생각을 꺼내는 수업

제가 근무하는 학교는 IB와는 관련이 없는 일반 고등학교예요. IB 교육의 장점을 도입하여 학생들과 즐거운 수업을 하고 싶은 마음에 수업과 평가에서 조금씩 변화를 시도하였습니다.

수업 시간에 '개념'을 제시하고 탐구할 수 있는 '질문'을 던지기 시작했습니다. 예전에는 수업 시간에 학생들에게 질문하는 것이 참 부담스러웠어요. 공부에 흥미가 없는 학생들은 '몰라요'라고 대답했고, 대부분의 학생들은 생각하기 귀찮다는 표정으로 대답조차 하지 않았는데, 학생들에게 그런 부정적인 반응을 받는 것은 너무 괴로웠거든요. 그럼에도 불구하고 수업시간에 학생들과 상호작용하고 싶었기 때문에 학생들이 쉽게 대답할 수 있는 간단하고 명확한 질문을 준비하거나 친밀한 학생들과 일상 대화를 하며 수업을 이끌어갔습니다. 그러고 나면 수업에 조금 활기가 생겨났어요. 하지만 이것만으로는 아쉬움이 많았습니다. 깊이 있는 문학작품들을 다룰 때면 학생들의 생각을 들어보고 내 생각도 이야기하며 '살아 있는' 수업을 하고 싶었어요. 그러다가 IB 수업을 통해 질문의 중요성을 알게 되었고 '질문하는 방법'에 대한 책도 여러 권 읽었어요. 그 결과 방법이 중요한 것이 아니라 '어떤' 질문을 학생들에게 던지는가에 따라 수업이 변화할 수 있다는 것을 깨닫게 되었습니다. 그동안은 활기찬 수업을 해보고 싶어서 여러 수업 모형(model)을 알아보고, 학생들의 흥미를 끌 수 있는 자료를 조사하며 수업을 준비했지만, *이제는 '질문'으로 시작해서 '질문'으로 이끄는 수업을 생각하게 되었습니다.* 작은 질문 하나가 학생들을 수업에 집중하게 만들 수 있다는 점, 어떤 질문은 학생들을 더 깊이 생각할 수 있게 한다는 점을 그동안은 간과했었던 것 같아요. 그 이후로 수업 준비를 할 때마다 어떤 개념을 어떻게 질문할까 고민하기 시작했습니다. 고전 문학 '구운몽' 수업을 할때, '주인공의 정체성은 무엇이며 나의 정체성은 어떠한가', '인생을 바라보는 관점은 어떻게 달라지는가', '삶의 변화를 꿈꿀 때 생각해야 할 것은 무엇인가', '꿈은 현실의 변형인가', '꿈을 통해 어떻게 개인의 욕망과 사회적 욕망을 재현하고 있는가' 등에 대해 학생들에게 묻기 시작했어요. 물론 학생들이 바로 대답하기 시작한 것은 아니었습니다. 하지만 이러한 질문을 들은 학생들은 깊이 사고하기 시작했고 자신의 생각을 이야기하는 학생들이 늘어나기 시작했습니다. 그 모습을 보고 있자니 학생들이 자신의 생각을 어떻게 꺼내고 정리하는지를 잘 모를 수도 있겠다는 생각이 들었습니다.

지식을 주입하고 암기한 뒤 문제집을 푸는 방식으로만 공부했기에 생각하는 연습이 안 되어 있는 것 같았거든요. 그래서 더더욱 이 과정을 도와줘야겠다는 생각이 들었고, 생각하는 방법을 연습하는 학습지를 만들기 시작했습니다. 그동안의 학습지는 주로 복습용이었어요. 학생들이 수업을 잘 들은 뒤 배운 내용을 정리할 수 있도록 괄호를 넣어 만든 학습지였거든요. 그러면 학생들은 그날 배운 내용을 체계적으로 정리할 수 있었고, 시험 기간에 공부할 때 유용했기 때문입니다. 하지만 이런 방식의 학습지는 학생들이 스스로 생각하고 질문하는 힘을 기르게 도울 수는 없을 것 같다는 생각을 처음으로 하게 되었어요. 그렇다면 어떤 방식으로 학습지를 만들어야 할까? 초등학교와 중학교 선생님들이 수업시간에 창의적인 학습지를 다양하게 사용하는 것을 보고, 어떻게 하면 되는지 배우기 시작하다가, 하버드 교육대학원에서 진행한 '프로젝트 제로(Project Zero)' 연구를 알게 되었고, 개념기반탐구학습에 사용되는 다양한 사고 전략을 알게 되었습니다. 그리고 'Circle of Viewpoints', 'Red Light, Yellow Light', 'I Used to Think, Now I Think' 등의 사고 전략을 넣어 학습지를 만들었더니, 확실히 학생들이 자신의 생각을 확장하고 더 잘 정리했습니다. 고정관념처럼 만들어왔던 학습지의 형식을 바꾸는 것, 사소하지만 저에게는 큰 의미가 있었습니다. 그렇게 생각을 꺼내는 학습지를 활용하여 수업을 하자, 학생들이 수업 방식 자체를 신선하게 느꼈습니다. 자기의 생각을 편하게 말하고 모둠원들과 의견을 나누는 방식이 재미있고 즐거웠다고 말하는 학생들을 보며, 이런 수업을 해야 학생들이 배움에 재미를 느끼겠다는 생각이 들었어요. (물론 이런 방식으로 수업을 하려면 지금의 고등학교 내신평가 방법은 달라져야 합니다. 수업 방식이 바뀌었다면 평가 방식도 바뀌어야 하기 때문이지요.)

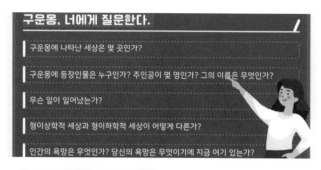

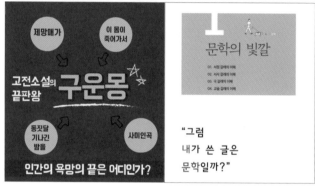

그림 4-1. 수업에서 사용한 다양한 질문들

그림 4-2. 사고 전략 학습지

그래서 수행평가를 바꾸었습니다. 고등학교 국어 수업 시간에는 교과 지식만을 학습하지 않아요. 수행평가를 통해 다양한 글쓰기와 말하기·듣기 활동을 하게 됩니다. IB 교육을 알고 나서 저는 수행평가에 변화를 주었습니다. 문학 작품을 배우고 난 뒤, 그 문학 작품에 대해서 단순한 감상문을 제시하는 것이 아니라, 세계적 이슈와 관련하여 문제점을 제시하도록 하거나, 문학 텍스트를 비문학 텍스트와 상호텍스트적 관점에서 보도록 했습니다. 또한 논설문을 쓰더라도 기존의 전형적인 논제에서 벗어나 IB 교육과정의 지식이론(TOK) 탐구 질문들을 포함시켰습니다.

예를 들어, 기존의 논제가 '인공지능의 발전은 인간에게 도움이 된다.(찬성)/도움이 되지 않는다.(반대)'는 식의 단순한 형식이었다면, 이 논제에 지식이론의 요소를 반영하여 '생성형 인공지능이 만든 미술작품과 음악을 예술로 인정해야 한다.(찬성)/인정할 수 없다.(반대)'라고 제시했어요. 학생들은 지식이론의 요소를 반영한 논제를 훨씬 더 흥미롭게 느꼈습니다. 이와 관련된 사회적 이슈와 신문 기사를 자료로 제시하고 학생들이 여러 방면에서 생각하도록 했더니 학생들은 진짜 '탐구'를 하기 시작했어요. 지식이론의 철학적 탐구 질문들은 우리나라 학생들에게 무척 신선하고 새로운 것 같았습니다. 특히 공부를 할 줄 아는 학생들의 반응이 가장 빨랐어요. 약간 어려운 것처럼 느껴지는 새로운 수행평가 형식이 신선하다는 반응이었고, 자신의 생각을 적어야 하는 탐구 질문에 대해 흥미롭게 고민하기 시작했습니다.

2024학년도 2학기 국어 수행평가 안내

『문제해결활동(논설문 작성&발표하기)』

(1) 논설문 작성하기(10점)

[문제] 다음 9개의 논제 중 하나를 선택하여 다음 조건에 맞게 논술하시오.

< 논제 >

1. 언어는 우리의 경험과 사고 방식을 통제한다./ 통제하지 않는다.

2. 생성형 인공지능이 만든 미술작품과 음악을 예술로 인정해야 한다./인정할 수 없다.

3. 고교 내신제도를 상대평가에서 절대평가로 전환하여야 한다./상대평가를 유지하여야 한다.

4. 문이과통합교육과정은 필요한 교육개정이다./ 문과, 이과를 구분하여 교육과정을 운영하여야 한다.

5. (교과서를 포함한) 종이책은 전자책으로 대체되어야 한다./ 종이책은 유지되어야 한다.

6. 공기업의 지방인재 할당제를 폐지하여야 한다./ 유지하여야 한다.

7. (최근 파이썬, C연어 등을 컴퓨터 프로그램 언어라고 부르는 것에 착안하여) 수학은 언어이다./ 아니다.

8. 기술 발달에 대한 윤리적 책임 차원에서 인공지능 개발자들은 기술 개발에 따른 윤리적 책임을 져야 한다. / 윤리적 책임까지는 필요하지 않다.

9. (예술가들이 비윤리적인 행동을 했거나 위법한 행위를 했더라도) 예술가들의 작품에 대한 평가는 그들의 도덕성과는 별개로 평가되어야 한다./ 예술가에 대한 평가는 예술가의 도덕성과도 관련이 있다.

2024학년도 2학기 국어 수행평가 안내

『비평문쓰기』

[문제] 5개의 고전 산문 작품 중 하나를 선택하여 작품에 대한 감상을 다음 조건에 맞게 논술하시오.

〈고전 산문 작품 목록〉

○ 가전 「공방전」(임춘)   ○ 가전 「국순전」(임춘)   ○ 고전 소설 「광문자전」(박지원)
○ 고전 소설 「호질」(박지원)   ○ 고전 소설 「박씨전」(작자미상)

〈조건〉

1: 작품 자체에 대한 감상이 드러나도록 할 것

2-①: 당대 사회적 문제 상황을 언급하고 그에 대한 자신의 생각을 명확히 제시할 것

2-②: 자신의 생각을 뒷받침할 수 있는 근거를 두 가지 이상 제시할 것

2-③: 자신의 생각을 뒷받침할 수 있는 근거를 작품과 연계해서 서술할 것

3: 글의 통일성을 갖추어 서론, 본론, 결론의 논술문 구성에 맞게 작성할 것

4: 적합한 문장 구조로 작성하고, 문어체를 사용할 것

5: 적절한 어휘와 올바른 맞춤법을 사용할 것

6: 분량 1,000자 내외(±10%)

〈작품 목록 QR 코드〉

그림 4-3. 수행평가 변화

학생들의 반응이 달라지는 것을 보니 학생들에 대한 저의 생각도 조금씩 변했습니다. 고등학교에는 학업에 흥미를 느끼지 못하고 공부를 어려워하는 학생들이 많아요. 성적이 우수한 학생들조차도 공부 자체에 흥미를 느끼는 경우는 매우 극소수입니다. 다들 대학 입시를 위해서 힘들고 어려운 공부를 참고 있는 느낌이었는데 교사로서 그런 학생들을 보는 것은 저에게도 참 힘든 일입니다. *그런데 어쩌면 학생들은 고등학교의 입시 위주의 교육에 싫증을 느끼고 배움에 대한 즐거움을 느끼지 못한 것이 아닐까? 하는 생각이 들었습니다.* IB의 수업 방식을 약간 도입했을 뿐인데도 학생들이 새롭다는 느낌을 받고 배움에 대한 흥미를 갖는 것을 보고 교사로서 기분이 너무 좋았습니다. 다음 수업을 준비하는 것이 기대되었고 학생들과 다양한 논제에 대해 같이 고민하고 탐구하는 것이 즐거웠습니다. 학생들이 저에게 "선생님의 생각은 어떠신가요?", "선생님의 견해가 궁금해요."라고 물으며 눈빛을 반짝일 때, 교사로서의 보람과 성취감이 느껴졌습니다. 10년이 넘는 교직 생활에서 학생들에게 그런 질문을 받은 것이 처음이었어요.

저보다 먼저 IB 수업을 해보신 선생님들께서 'IB 수업을 하면 수업 준비를 할 것이 참 많다. 다른 행정 업무는 맡을 수 없을 만큼 수업 준비의 부담이 크다. 그럼에도 불구하고, IB식으로 수업을 하면 교사로서 학생들과 함께 배우는 것이 많고, 교사도 성장하게 된다'고 말씀해 주셨던 게 생각났습니다. 그게 무엇을 말하는 것인지 알 것 같아요. *이제는 저도 '학생이 살아있는 교실, 배움이 살아 있는 교*

실'을 꿈꾸고 있습니다. 그런 교육적 희열을 위해 많은 선생님들은 여러 가지 교육적 방법을 고심합니다.

| 산호초 | 고등학교 국어교사 |

교육 환경의 변화를 통해 배움의 장 확대하기

IB 교육과정을 접하면서 공교육의 교육과정과 평가 전반을 IB의 모든 틀로 전환하는 것에는 많은 제한이 있어 보였습니다. *하지만 제가 가르치는 학생들에게도 IB가 추구하는 인간상 중 '사고하는 사람', '탐구하는 사람'을 지향하는 태도를 길러주고 싶다는 마음이 강하게 들었어요.* 교사로서의 저를 바라봤을 때, 아이들과 소통하기보다는 시험에 나올 만한 것들을 잘 정리하여 전달하는 사람으로 기능하고 있었던 것이 아닌가 하는 반성이 있었거든요. 제가 교과 내용을 잘 정리하여 전달하면 아이들은 이것을 수동적으로 받아들일 뿐 더 깊이 있는 탐구로 나아가지 못하겠다고 생각하니 학창 시절 마땅히 길러야 할 생각하는 힘을 길러주지 못했다는 생각에 하루라도 빨리 제 수업을 개선하고 싶어졌습니다.

제가 가르치는 과목은 수능 필수과목 중에 하나인 독서입니다. 수능에서는 비문학 지문으로 출제되고 있는 이 과목을 가르치고 배우는 과정이 참 쉽지 않아요. 교과서만 가지고 수업을 진행하기에는 수능에서 요구하는 수준에 한참 미치지 못하기 때문입니다. 수능에서 출제되는 비문학 지문은 고등학교 교과서 지문들에 비해 수준이 상당히 높습니다. 많은 학생들이 수능대비를 위해 독서 과목을 선택하기 때문에 수업은 점차 수능에서 출제되는 비문학 지문을 잘 읽어낼 수 있도록 하는 데 목표를 두게 되었습니다. 교육과정에서 요구하고 있는 내용을 가르치기 위해 지문의 수준을 교과서에서 수능 출제 예상 지문까지 골고루 다루려다 보니 수업은 늘 시간에 쫓겼고요.

학생 입장에서도 독서 지문을 학습하는 것이 즐겁지만은 않습니다. 독서는 기본적으로 자신이 관심 있는 분야에 대한 글을 찾아 읽고 깨달아가는 기쁨을 기반으로 하는 것이지요. 하지만 주어진 지문들(수능 지문은 대부분 인문, 예술, 과학, 기술, 사회, 문화 등으로 지문의 내용을 분류합니다)의 내용을 빠르고 정확하게 파악하는 연습에 주력해야 하니 아이들의 학습에 대한 태도는 매우 수동적일 수 밖에 없습니다. 가르치는 선생님도 각 지문이 다루는 영역에 대한 전문가가 아니다 보니 특정 영역의 지식과 관련된 아이들의 질문에 답변하기는 어려웠고요.

저는 이런 저의 한계를 인정하는 데서 수업을 변화시켜 보고자 하였습니다. 나는 독서 지문에서 다루고 있는 지식 영역의 전문가가 아니라는 것을 인정하는 것이지요. 아무리 열심히 지문을 이해하려 노력해도 질문에 대한 답변을 다 준비할 수는 없다고 인정하였습니다. 그래서 지문에 대한 아이들의 질문을 온라인 게시판을 이용해 받기 시작하였어요. 수업 초기에는 아이들이 질문을 만들어내는 일을 매우 귀찮아하였습니다. 그간에 수업에서는 내용을 잘 정리해주던 선생님께서 갑자기 뭐가 궁금하냐고 물으니 아이들이 당연히 귀찮을 일이라고 느꼈을 것 같습니다. 하지만 학생들은 변화된 수업에 대해 참 빠르게 적응했어요. 학생들에게 글을 읽고 생긴 질문을 올리라고 하니 처음에는 정말 단순한 질문들을 올렸습니다. 글에서 찾을 수 있는 정보에 대해서 O, X 퀴즈와 같은 질문을 올리기도 하더라고요. 그러나 이런 질문에도 제가 궁금한 점이 있다는 것이 정말 기쁘다면서 칭찬을 해주고 일일이 피드백을 해주었더니, 아이들도 다른 친구들의 질문에 자신이 아는 범위에서 답변을 달아주기도 하더라고요. 답변을 달아주는 친절한 학생들에게도 칭찬을 해주었더니 수업 후의 온라인 공간에서 학생들의 수업이 확장되고 있다는 것을 느낄 수 있었습니다. *언제나 수업 시간과 진도에 쫓기는 교사의 입장에서 온라인으로 수업의 시공간을 확장할 수 있다는 것은 참 기쁘게 느껴졌어요. 수업 시간에만 배우는 것이 아니라 아이들이 서로의 이해를 확인하고 도울 수 있는 공간이 마련되고 또 활발히 사용되고 있다는 것이니까요.* 또 친구들의 답변은 단순히 교과서 몇 페이지를 보아라는 조언이 아니라 관련된 정보를 더 찾아볼 수 있는 링크를 포함하고 있기도 했는데, 이렇게 되니 점점 아이들의 배경지식의 영역이 넓어지고, 저도 미처 찾아보지 못한 정보들을 배울 수 있다는 점에서 참 좋았습니다.

그림 4–4. 온라인 게시판에 게시된 활동 일부와 질문 사례

교사인 제가 한 일은 지문마다 질문을 나눌 수 있는 온라인 게시판을 만드는 것, '좋아요' 클릭, 수업 시간 피드백 정도였어요. 신기한 점은 더 많은 지문을 다루면서 아이들의 질문이 점점 더 깊이를 더해간다는 점이었습니다. *처음에는 단순히 사실을 확인하는 수준의 질문을 던 졌다면 점차 개념적 질문, 논쟁적 질문을 던지기 시작하였습니다.* 질문하는 수업에 대한 많은 책들과 정보가 있지만 실제로 수업 시간에 이런 것을 가르치거나 시도할 엄두가 나지 않아 망설이고만 있었는데, 학생들이 남긴 질문에 대하여 피드백하면서 '와, 이런 질문은 정말 좋 다. 같이 생각해보고 많이 답글을 남겨주었으면 좋겠다.'고 이야기했더 니 학생들의 질문 수준이 깊어지는 것을 볼 수 있었습니다. 예를 들어 '근대 감옥의 원리와 사회(미쉘 푸코)'라는 글을 읽고 아이들이 게시판 에 남긴 질문들은 '벤담이 구상한 패놉티콘(일망 감시 감옥)에서 수감 의 대상이 되는 사람들은 누구였을까?'와 같은 사실적 질문, '가시성과

비가시성에 의해 가지고 있는 정보가 불균형적이 된다는 것은 권력과 어떤 관계가 있을까?'와 같은 개념적 질문, '감옥이 가지는 사회적 기능은 사실, 격리가 아니라 교화에 있는 것이라고 봐야 하지 않을까?'와 같은 논쟁적 질문 등이었습니다. 그리고 아이들이 달아준 답글에는 답글을 단 아이들의 지문에 대한 이해 수준 그 이상의 것들이 남겨져 있었습니다. 현대 사회의 여러 현상을 패놉티콘의 관점에서 분석한 글에 대한 링크가 담겨져 있기도 하였고, CCTV와 휴대전화의 대중화로 다중 감시가 일어나는 시놉티콘의 현상으로 이해를 넓힐 수도 있었습니다. 이를 통해 사회 문화 현상에 대한 전문가가 아닌 국어교사인 제가 아이들과 함께 성장할 수 있었어요.

아이들이 온라인 게시판에 질문을 남기고 답글을 다는 과정은 단순한 요구나 요청 수준이 아니었습니다. 이미 평가 계획이 확정된 이후 일어난 시도였기 때문에 아이들의 노력을 평가에 담을 수는 없었거든요. 그러나 게시판 활동에 열심히 참여하는 학생들의 노력과 그 안에서 일어난 성장에 대해서는 꼭 한 마디라도 좋은 평가를 남겨주고 싶었습니다. 그래서 과목별 세부능력 및 특기사항에 이러한 내용을 담아 써주기로 하고 기록 예시를 보여주기도 했어요. 그 후에는 온라인 게시판 활동이 더 활발해진 것도 사실입니다. 몇몇 학생들은 자신이 질문을 던지고 답글을 단 내용을 심화탐구 과제로 연구해보고 싶다는 의사를 밝히기도 했어요. 학기말고사까지 모두 평정이 끝나고 방학을 하기 전까지 남은 몇몇 시간에는 자발적으로 자신이 더 깊이 탐구한 내용을 프리젠테이션으로 만들어 발표한 학생도 있었습니다.

그림 4-5. 학생 주도 심화 탐구

수업 중 '근대 감옥의 원리와 사회(미쉘 푸코)'를 읽고 패놉티콘의 구조
가 사회 유지의 도구로서 감시를 수행하였던 사례를 찾아 발표함. 독재
권력의 유지를 위해 민주주의를 통제하려고 했던 한국 역사의 장면을
패놉티콘 체제와 관련하여 설명한 신문 기사를 인용하여 잘못된 역사를
되풀이하지 않기 위해 권력자들이 사회 구성원들을 통제의 대상으로 바
라봐서는 안된다는 논리를 펼침. 또한 이와 같은 시설을 범죄자 뿐 아니
라 학생들에게까지 적용하려한 시도는 인권 문제 뿐 아니라 협동을 통
한 학습의 효과를 간과한 것이라는 주장을 제기함. 이를 통해 본문의 내
용 이해를 시사 문제와 관련하여 확장적으로 이해하고, 논리적으로 자신
의 의견을 제시할 수 있는 역량을 확인함.

그림 4-6. 학생 주도 심화탐구 주제 발표 관련 교과별 세부능력 및 특기사항 기록

이러한 활동을 통해 단순히 지문을 분석하고 지문의 내용만을 가지
고 문항을 풀어내는 지루한 수업이 활기를 띠면서 사고를 촉진하고
탐구하는 수업으로 나아갈 수 있었습니다. 내신, 대입, 수능과 같은
평가 체제와 그 안에서 힘들어하고 있는 학생들을 보면서도 아무것

도 할 수 없다고 생각하며 손을 놓고 있는 것이 아니라, 그 안에서도 학생들의 탐구본능을 자극하는 수업을 찾아내려고 노력하며 교육 환경을 조금씩 변화시켜 나가는 것이 교사로서 제가 하고 싶었던 일이고, 또 해야 하는 일이라고 생각합니다.

알파카	고등학교 영어교사

한국 공교육의 새로운 돛대: 개념적 이해

영화를 볼 때 관객들이 집중해서 2시간을 앉아 있게 만드는 킥은 여러 개 있습니다. 훤칠한 주연배우의 연기, 신선한 각본과 흐름, 눈을 뗄 수 없는 영상미 등 자리를 뜨지 않는 관객에겐 자신만의 킥이 있을 거고요. IB에 발을 들인 후 계속해서 저를 빠져들게 했던 중요한 킥은 바로 '핵심 아이디어'였습니다. 한국 공교육 교육과정에서 2015 개정 교육과정[1]까지는 볼 수 없었던 개념과 핵심 아이디어에 대한 집중이 바로 IB의 가장 큰 정체성이라고 생각합니다.

그동안 우리나라 공교육의 시험체제는 '정답'이 있으며 모두가 한 가지 목표를 쟁취해야 하는 시스템이었다면, IB는 개념을 이해하고 연결시키는 과정을 통해 학습이 이루어질 수 있도록 합니다. 이 과

---

[1] 2015.9.23. 교육부고시 제 2015-74호

정을 통해 학생들의 비판적 사고와 문제 해결 능력이 강화되고 전인적인 발달과 국제 시민으로의 성장이 가능해집니다. IB 교육은 정답이 없으며 아이들이 정답인 교육이라는 생각이 들었어. 학업 성취에 매몰되어 있던 한국의 공교육에 새로운 돛대가 되어줄 수 있지 않을까 하는 설렘으로 가득찼습니다. 범교과적으로 Group 1~6, CAS, EE까지 프레임워크 전체에 걸쳐 '개념'에 대한 깊은 수준의 이해와 논의를 알게 된 후 어떻게 하면 지금 나의 교실에, 우리의 교육 현장에 적용할 수 있을까 하는 물음표 가득한 설렘이 가득찼습니다.

최근 수능 킬러문항에 대한 뜨거운 논쟁이 있었습니다. 현직 교사로서 킬러문항에 대한 사전적 정의를 어떻게 내릴 수 있을까 궁금했어요. 한국교육과정평가원에서 정의한 킬러문항의 기준은 '공교육에서 다루지 않은 것을 출제한 문항'입니다. 이는 과연 공교육 울타리 안에 있는 것은 무엇이며, 울타리 밖에 있는 것은 무엇일지 고민하게 했습니다. 지식 저장으로 정답만을 맞히는 교육에서만 실효성 있는 정의가 아닐까 생각했어요. IB는 교사 중심의 지식 전달 보다 학습자의 개념적 이해를 교육의 목표로 삼고 있습니다. *개념은 하나의 큰 생각이며 학생들이 중요한 생각을 탐구할 수 있는 매개체이자 수단이에요. 이는 향후 학교 밖에서의 삶을 이끌어가는 데에 활용되는 원칙이자 보편적 원리가 됩니다.* IB를 통해 우리 교육에도 좋은 씨앗을 심어볼 수 있다는 설레는 마음으로 생각이 많아지던 때에 다시 교실로 돌아와 새 학기를 맞이하였습니다. 저는 자연스럽게 개념에 대한 접근을 시작해야겠다는 작은 움직임을 계획하게 되었습니다.

제가 근무하는 학교는 학업성취도가 평범한 혹은 그보다 낮은 일반고입니다. 더 적나라하게 말하자면 한 학년(350명)의 영어 1등급이 10명이 채 안되는 학교예요. 학원 도움 없이 학교에서 배우는 게 전부인 학생들에게 제가 듣고 공부해 온 것들로 어떤 배움을 줄 수 있을까 고민했습니다. 어렵게 다가가기보다 현재 수업에서 조금만 비틀어 아이들의 생각에 노크만 해보자고 생각했어요. 우선은 강의식에 집중되어 있던 수업 방식을 전환하는 것부터 시작했습니다.

현실은 언제나 진도와의 싸움이었어요. 3월과 9월, 매 학기 시작점에 번뜩였던 신박한 아이디어는 촌각을 다투며 돌아가는 학교 일상에서 자의 반 타의 반 여러 이유로 잊혀졌습니다.

고등학교 영어 수업은 보통 긴 지문을 해석하고 문법 이론을 다룬 뒤 관련 이해 문제를 풀고 답을 확인하는 순으로 진행됩니다. 교과서 1과 본문의 제목은 '실패는 나의 친구'였는데, 자신의 실패를 적고 성찰하는 1200자 영어 논술 수행평가를 사전에 계획했던 터라 아이들은 자신의 삶에서 실패라고 생각하는 이야깃거리를 모았습니다. IB DP Language B 과목에서 다루는 개념적 이해는 문맥(context), 관객(audience), 목적(purpose), 의미(meaning), 변용(variation)입니다. 이를 바탕으로 글의 상황과 목적을 이해하고 이에 대한 자신의 생각과 감정을 표현하며 필자와 연결되어 조언과 위로를 건네는 관계 형성의 기회를 만들자는 생각을 했어요. A4 유인물의 절반에는 자신의 실패담을 적고 나머지 절반은 유튜브 댓글창과 같은 댓글 공간을 구성했습니다. 영어로 자신의 실패 경험이나 좌절 경험을 쓴 후 조별로 돌아가며 경험 쪽지를 읽고 이에 공감하는 댓글 쓰기 시간을 가졌습니다.

주어진 상황을 이해하고 필자가 의도한 목적을 예측하며 나에게도 적용될 수 있는 문제 갈등 상황을 상상하여 내가 할 수 있는 말과 아이디어를 전달하며 아이들은 자신의 일처럼 진지하게 써 내려갔습니다. 지문에 나오는 단어를 모르더라도, 3형식과 5형식의 차이를 모르더라도, 자신이 살아온 삶의 지식으로 타인을 이해하고, 더불어 그들에게 도움과 응원을 주는 경험을 하게 하였습니다.

과거 같은 방식의 쓰기 수업도 했었지만 바라보는 방향과 시선이 완전히 달라졌습니다. 문법 오류가 없는 정확한 글쓰기가 아닌 나를 둘러싼 상황을 이해하고 자신의 의도를 그에 맞게 전달하는 소통적 글쓰기를 목표로 삼았거든요. 학습지와 유인물의 제목과 구성도 바꾸기 시작했습니다. **장소와 환경이 달라지면 우리도 그에 맞게 옷을 바꿔 입듯, 기존에 사용하던 도구의 틀도 바뀌어야 한다고 생각했어요.** 예를 들어, 긴 지문을 3,4개의 문장씩 묶은 뒤 문장 분석과 내용을 요약·정리하는 학습지의 제목을 '성찰 탐구 학습지(Reflective & Inquiry Learning)'로 붙였습니다. 아이들이 스스로 쓰는 학습지 한 장 한 장이, 능동적으로 성찰하는 세계 시민 역량을 위한 기반이 되길 바랐습니다.

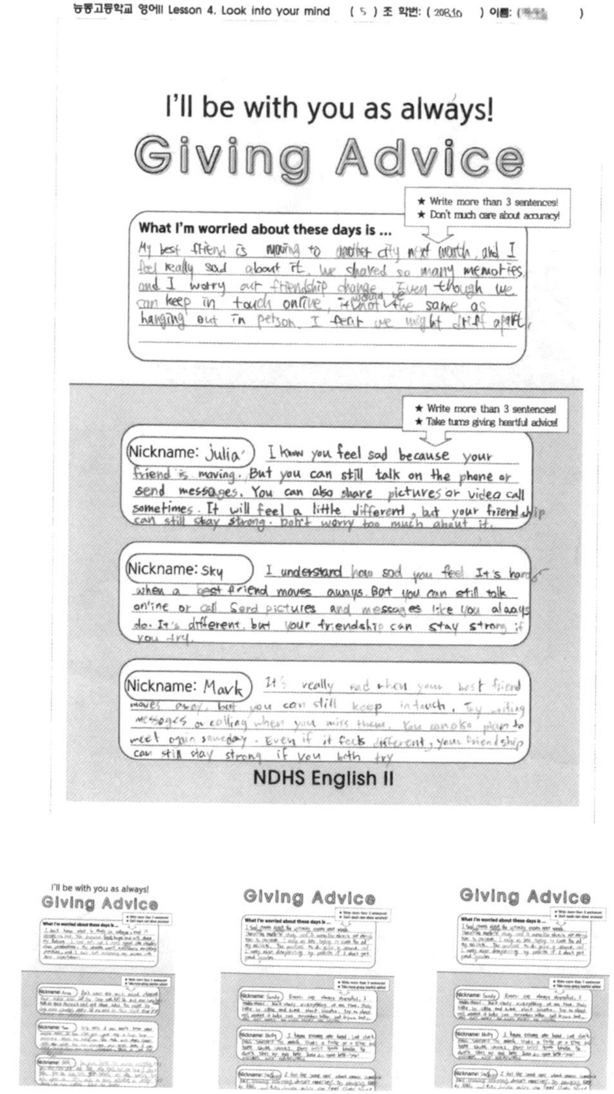

능동고등학교 영어II Lesson 4. Look into your mind (5) 조 학번: (20810) 이름: ([illegible])

I'll be with you as always!

Giving Advice

★ Write more than 3 sentences!
★ Don't much care about accuracy!

What I'm worried about these days is ...

My best friend is moving to another city next month, and I feel really sad about it. We shared so many memories, and I worry our friendship change. Even though we can keep in touch online, it would not the same as hanging out in person. I fear we might drift apart.

★ Write more than 3 sentences!
★ Take turns giving heartful advice!

Nickname: Julia — I know you feel sad because your friend is moving. But you can still talk on the phone or send messages. You can also share pictures or video call sometimes. It will feel a little different, but your friendship can still stay strong. Don't worry too much about it.

Nickname: Sky — I understand how sad you feel. It's hard when a best friend moves away. But you can still talk online or call. Send pictures and messages like you always do. It's different, but your friendship can stay strong if you try.

Nickname: Mark — It's really sad when your best friend moves away, but you can still keep in touch. Try writing messages or calling when you miss them. You can also plan to meet again someday. Even if it feels different, your friendship can still stay strong if you both try.

NDHS English II

그림 4-7. 활동지 예시

제가 꿈꾸기 시작한 IB 수업과 이를 위한 환경적 조건들은 아직 더 많은 시간과 고민이 필요합니다. 현실과의 타협도 필요하고요. 하지만 분명한 것은 교육을 통해 우리의 학생들이 활자로 된 지식을 하나 더 기억하는 것보다 세상을 살아가는 데에 필요한 힘과 눈이 길러지길 모두가 바란다는 점입니다. 현실과의 타협보다는 변화를 위한 작은 움직임이 필요할 때라고 생각합니다. 첫발을 내딛은 만큼 한 해 한 해 더 성장하는 교실을 만들고 싶습니다.

> 피너클스 │ 고등학교 영어교사

탐구 기반 학습에 발을 떼다

2015 개정 교육과정 적용 이후 많은 선생님들께서 교육과정을 재구성하여 수업하고 계실 거예요. 저 역시도 영어 교과의 성취 기준, 학생들의 흥미와 영어 수준, 사회적 요구를 고려하여 수업을 재구성하는데, IB를 공부하면서 IB 프로그램의 교수법을 수업에 적용해 보고 싶다는 생각을 하게 되었습니다. *IB 프로그램의 교수법은 탐구에 기반, 개념적 이해의 강조, 지역과 세계적 맥락에 연결, 효과적인 팀워크와 협력의 강조, 모든 학습자의 요구를 충족시키도록 차별화됨, 평가를 활용한 교수법이라는 6가지 주요 원칙에 근거합니다.* 저는 교과서에서 사물인터넷(IoT:Internet of Things)을 다룬

지문을 보고 탐구 기반 학습(Inquiry-based learning)을 접목시켜 보기로 했습니다. 제가 근무하는 학교 학생들의 영어 수준이 높은 편은 아니었지만 1학기에 영어 토론 수업을 진행하면서 학생들이 비판적 사고능력을 갖추었다는 것을 확인하였고 학생들이 초등학교부터 조별 과제를 수행하고 발표하는 것에 익숙한 세대였기 때문에 시도해 볼 만하다고 판단했어요.

탐구는 "구조화된 탐구, 안내된 탐구 및 열린 탐구"(Staver and Bay 1987)와 같이 여러 형태가 있습니다. DP 교사는 교과목에서 다룰 정보의 양, 지속적인 형성 평가나 시험 기반의 총괄 평가를 고려하여 효과적인 탐구 학습을 위한 교육법을 설계하게 됩니다. 저는 지필 고사범위 내에 있는 지문을 활용했기 때문에 수업 내용을 구조화하여 제시하였어요. 스마트 홈, 스마트 헬스케어, 스마트 시티(해외 사례, 국내 사례)를 주제로 제시하고 학생들이 자신의 흥미와 적성을 고려하여 팀을 구성한 뒤 주제별로 사례를 조사하여 발표하는 과제를 제시했습니다. 저는 본격적인 탐구에 앞서 사물인터넷의 개념을 간단히 설명하고 전체 학생들을 대상으로 탐구 기반 학습을 안내하고 스스로 정보를 찾고 자신의 방식으로 내용을 이해하는 것이 중요함을 강조하였습니다. 이후 리더 모임을 진행하여 리더들을 대상으로 유의점을 설명하고 질의응답 시간을 가졌습니다. 독해 실력이 낮은 학생들을 위해서는 COVID-19 시절 사용했던 본문 강의 녹화본을 제공하여 미리 학습하고 오도록 하는 비계를 제공했습니다. 1차시에는 본문 내용을 각 조에게 할당하고 내용을 요약한 뒤 관련 질문을 조별로 3개 이상 만들도록 하였습니다. 2, 3차시에는 탐구할 만한 가치가 있는 질문을 선정하고 정보 검색을 통하여 탐구를 진행하도록 했고요. 이 과정에서 저는 계속 순회지도 하며 학생들이 과업을 제대로 이해했는지 확인하고 피드백을 제공했습니다. 학생들이 패들렛을 이용하여 자신이 발견한 내용을 계속 업로드했기 때문에 저는 학생들이 사고를 구체화하고 정보를 가려내는 과정을 들여다보며 온라인으로도 피드백을 줄 수 있었습니다. 4, 5차시에는 조별로 프레젠테이션을 진행했습니다. 이건 저희 학교 학생들의 문화인데, 학생들은 조별 발표 시 영어가 유창한 학생이 발표를 전담하지 않고 모든 학생들이 크든 작든 역할을 분담하여 발표에 참여합니다.

저의 첫 시도는 학생들이 수업에 주체적으로 참여하고 학생들이 IoT(Internet of Things)라는 주제를 자신의 삶과 연결했다는 점에서 의미가 있었지만 여러모로 아쉬움이 남았습니다. 먼저, 교사인 제가 과제를 구체화하여 제시하지 못했기 때문에 학생들 대부분이 주제를 진로 관련 분야로 좁혀 관련 사례를 소개하는 데 그치고 말았어요. 탐구 기반 접근법에서 학생들이 문제나 시나리오에 대한 적절한 접근법을 결정하도록 하고는 있지만 정의, 원리, 사례, 우리 삶에 미치는 영향과 같은 윤곽선을 제시하였다면 학생들이 우왕좌왕하지 않고 역할 분배를 효율적으로 할 수 있었을 거예요. 그다음으로 수업의 방향이 왜 생기부 교과 세특을 위한 발표 수업처럼 흘러갔을까 생각해 보니 수업계획 시 평가를 염두에 두지 않았음을 알게 되었어요. 2015 개정 교육과정과 DP 프로그램은 역행(백워드) 설계 모형

(Wiggins & McTighe, 1998)에 기반하고 있어요. 교사인 제가 구체적인 결과물을 모델링하고 이를 준비하기 위해 문맥, 관객, 목적, 의미, 변용과 같은 개념을 숙지하게 하고 관련된 기술을 연습시켰더라면 더 좋은 수업이 되었을 것이라 생각합니다. 마지막으로 수업 환경 측면에서는 스무 명 남짓한 학습자 수도 IB 수업을 하기에 많다는 생각도 들었습니다. 실제 IB 수업을 하고 계신 대구의 한 일반고 선생님께서는 일반고의 경우 IB 과정과 non-IB 과정을 분리하여 운영하고 있고 IB 과정을 선택한 학생들은 한 반에 열댓 명으로 구성된다고 하셨어요. 제가 참관했던 경기수원 외국인학교의 생물 수업에서는 열 명 이내의 학생들이 각자 조사한 내용을 발표하였습니다.

현재의 학교 환경에서는 조별 프로젝트의 형태로 탐구 기반 학습을 진행하는 경우가 많은데, **개별화를 원하는 학생들의 요구를 어떻게 반영하고 개개인의 사고력을 어떻게 측정할 것인가가 앞으로 고민할 문제라고 생각합니다.**

사막여우 | 고등학교 생명과학교사

평가 설계 단계에서의 신중한 고민

IB 교육과정이 강조하는 개념적 이해를 수업 중에 실현하기 위해, '어떻게 제대로 가르칠 것인가' 그리고 '가르친 것을 올바르게 평가

할 수 있는가'를 생각하게 되었습니다. 개념적 이해를 높여 학습의 효과를 상승시키기 위해서는 학생이 스스로 무엇을 배워야 하는지 알게끔 하는 것이 중요하다고 생각했어요.

IB를 접하기 전에는 다소 형식적으로 작성했던 평가 계획을 좀 더 신중하게 고민하여 작성하고, 어떤 학습 목표를 학생들에게 제시하고 평가에 의욕을 가지도록 할 수 있을지를 생각했습니다. 이 과정을 심도 있게 접근하며 이해 기반 수행평가를 설계하고, 학생들의 동기를 촉진할 수 있도록 루브릭을 제작하였어요. 예를 들어 유전 단원 평가 시, 기존에는 단순히 가계도를 분석하고 유전자형을 찾아 확률을 계산하게 하였다면, 학습한 개념인 감수분열 결과가 어떻게 가계도에서 나타나는지 과정을 설명하고 그 과정을 설명할 때 사실 뿐만 아니라 개념적인 상황을 제시해 보는 형태로 바꾸는 등 학생들이 학습한 내용을 표현할 수 있도록 평가를 설계했습니다. 또한 루브릭을 통해 학생들에게 수행의 수준을 직접적으로 제시하자 학생들이 수업 시간에 학습하는 과정에서 이해하게 된 개념을 활용하는 방법을 이해하고 이를 자신의 언어로 설명하며 맥락적으로 적용하는 설명을 제시하는 것도 볼 수 있었습니다.

이러한 평가 과정까지의 설계와 루브릭의 제작은 학생들뿐만 아니라 교사인 저에게도 의미가 있었습니다. 그동안은 막연하게 채점 요소를 정량적으로 설정하고 학생들이 이를 달성하는 정도를 확인하여 점수를 부여하는 것에 몰두했지만, 루브릭을 제작하여 학생들에게 공유하고, 이를 기준으로 평가한 결과로 피드백을 제시하는 과정을 통해 학생들이 얼마나 학습이 이루어졌는지를 고민하고 수업 중 어떻게 가르쳐야 하는지에 대한 방향성을 잡을 수 있게 되었습니다.

평가가 수업과 독립적으로 이루어지는 것이 아니라 평가를 활용하여 궁극적으로 학습이 의미있게 이루어지길 바라는 마음에서, 학생들이 평가와 학습에 더 주체적으로 참여할 수 있도록 유도하기 위해 고민했습니다. 그리고 이 고민의 산출이 의미 있게 작용하는 순간을 통해 학생들의 배움을 발전시킬 뿐만 아니라 교사인 저도 한층 성장하는 느낌을 받을 수 있었습니다.

구조화된 발문 설계 – 개념적 이해를 목표로

과학적 개념을 이해시키기 위해 평소에도 관심이 있었던 건 단계적으로 발문을 구조화하여 설계하는 것이었습니다. 과학적 개념을 단계적으로 연결하고 발문을 순차적으로 제시할 수 있게 학습지를 구상하고 빈칸을 제시하며 글을 쓰도록 해왔습니다. IB 교육과정을 만나고 이 과정에 섬세함이 더해진 부분이 있다면 '개념'에 대한 관점이 추가된 것일 겁니다.

호르몬의 작용에 대해 공부하며 음성 피드백을 학습할 때, '생물학적 체계에서 양성 피드백의 결과는 어떻게 될 것인지?' 에 대한 발문이 추가된 것 등이 그 예시입니다. 학생들은 처음 보는 개념이었지만 음성 피드백에 대한 내용을 학습한 이후이기 때문에 호르몬의 작용을 통해 시스템적 관점에서 설명을 해내기도 했습니다. 이날 이후 하울링을 양성 피드백으로 설명하는 글을 작성하여 교사에게 들고와 여러 구성요소의 관계성을 묻기도 했습니다. 그 글은 단순히 피드백에 대한 관점을 이해하게 한 것 이상으로 시스템을 구성하는 요소가 서로 영향을 미칠 수 있는 방법의 다양성과 상호작용에 대해 설명하는 글이었습니다. 이렇게 시스템이라는 개념을 이해하는 과정으로 이끌어 본 것은 저에게 인상깊은 경험이었습니다.

발문을 구조화하는 것은 학생들이 내면화하도록 목표로 하는 개념에 어떻게 접근해야 할지를 고민하는 것과 같구나 하는 깨달음이 오는 순간이 많았습니다. 지식을 잘 습득하게 하기 위해 발문을 설계하는 것보다, 지식을 잘 비교, 성찰해서 진짜 아이들 자신만의 언어로 설명하게 만드는 발문을 설계하는 것에 훨씬 더 많은 고민이 필요했습니다. 그렇지만, IB에서 제시하는 핵심 개념(key concept)을 떠올리며 목표를 잡을 수 있어 한결 쉬웠고, 아이들도 접근하기 편안하게 느끼는 것이 보였습니다.

탐구 설계 – 주제 선정에 대한 관점

과학 과목을 담당하는 교사에게는 수업 중에도 그 이외의 창체 및 자율 동아리 등의 시간에서도 학생들 스스로 탐구 과정을 설계하고 운영하는 것을 지도할 기회가 많이 있습니다. 탐구를 직접 계획하고 과정을 설계하여 결과로부터 결론을 내리는 모든 과정이 어렵겠지만 특히 학생들이 난항을 겪는 부분은 주제선정이라고 해도 과언이 아닐 겁니다. 탐구 관련 수업을 계획할 때 탐구 주제를 잡는 데에 시간을 한참 소요하고도 다시 수정하기를 거듭하니까요.

그리고 지금까지는 이 과정에서 탐구 자체를 위한 주제를 선정하는 데에 몰두를 해왔습니다. 탐구를 수행해야하기 때문에 주제를 선정해야했고, 그렇기 때문에 주제를 구성하는 조작 변인과 종속 변인은 실험 탐구의 편의성 자체를 위해 수동적으로 생각되어져야 할 때가 많았습니다. 다시 생각해보면 머리로는 발견학습을 위해 탐구를 해야하고, 학생들이 주체가 되어야 한다는 것을 이미 알고 있지만, 현장에서 적용하거나 실천하는 데에 상대적으로 한계가 있음을 수없이 느껴왔던 것 같습니다.

　　하지만 IB 교육과정을 접하고 나서부터는 탐구를 바라보는 관점이 학습자 중심이어야 함을 한번 더 되새길 수 있게 되었습니다. 학생들이 마주할 다양하고도 새로운 맥락에서의 적용에 활용될 개념적 이해를 돕기 위해 학생들이 스스로 정보를 습득하는 방법으로서의 탐구에 집중하자고 다짐한 거죠. 또 보다 실용적인 수준에서 교사가 탐구 기반의 수업을 할 수 있도록 하는 작업을 정리해보며 나의 수업을 다시 한번 성찰해보기도 했습니다. 다음은 디플로마 프로그램 가이드에서 제시하고 있는 탐구 기반 수업을 적용할 때 교사가 해줄 작업 중 일부입니다. *질문을 제시하고, 문제를 설명하고, 도전 과제를 정하고, 명확하고 측정 가능한 목표를 제공하는 것, 소그룹으로 학생들을 나누었을 때 명확한 역할을 배정함과 동시에 각 그룹 내에서 역할 교대를 허용함을 명시해주는 것, 학생들이 답을 찾는 것과 동시에 활용하는 연구 기술에도 중점을 둘 수 있도록 안내해주는 것, 단순히 답을 제공하는 것이 아니라 학생들의 탐*

구 과정을 원활히 수행할 수 있도록 도움을 주는 사람으로서 교사 스스로 역할을 인식할 것. 이처럼 탐구에 대한 관점 중 나의 수업에서 특별히 강조하고 싶은 것을 명확하게 정리하고 나니 탐구 주제를 선정하는 과정에 가장 큰 영향을 미치게 되었습니다. 학생들이 마주하는 새로운 정보를 그동안의 경험과 주변 환경에 더욱 연결지을 수 있도록 했습니다.물론 IB를 만나기 전에도 주변 상황에서부터 탐구 주제로 삼을 아이디어를 산출해내도록 했지만, 학생들이 설정해 온 변인이 탐구에 적합한지를 고민하던 것에서 탐구할 수 있는 방안을 함께 고민해주는 방향으로 자세가 바뀌었습니다. 이때 단순히 답을 찾아내는 것이 아니라 연구 방법에도 의미가 있음을 충분히 설득해주자 학생들 스스로가 더욱 적합한 주제를 고민하는 태도를 보이는 것이 인상깊었습니다.

이렇게 교사의 자세가 탐구 자체가 아닌 탐구를 통한 개념적 이해로 초점이 옮겨간 것은 수업 상황을 더 포용적이고도 협력적인 분위기를 조성하는 데에 큰 영향을 미쳤습니다. 교사의 자세가 '할 수 있는 걸 들고와야 한다' 에서 '할 수 있게 구체화해보자'로 변하자 학생들도 '할 수 있는 게 뭐가 있지?"에서 '어떻게 하면 될까?'로 자연스레 변하면서 자신이 탐구 과정의 주인이라는 생각을 하게 된 것이죠.

그러다보니 다양한 아이디어를 제시하는 학생들의 개별적인 상황을 존중하게 되었으며, 가능성보다는 명확히 해낼 수 있는 방안에 초점을 두게 되었습니다. 그리고 이 오랜 시간이 필요한 일련의 과정에서 학생들이 탐구 수업에 대해 강한 동기를 느끼는 것을 보았습니다.

탐구 자체에 학생들이 몰두하게 되면서, 이후 학습한 개념을 또다른 사례와 맥락에 협력적인 자세로 적용하고, 피드백을 받아 수정하는 것에도 주체성을 가지고 참여하는 모습을 가지게 됐습니다.

학생들이 주인이 되는 수업을 만들고 싶었고 실천을 해보려 했지만 번번이 평가와 진학, 그리고 수업의 괴리로 어려움을 느낄 때가 많았습니다. 아마 많은 교사들이 현장에서 그러한 느낌을 받으셨을 거라고 생각합니다. 그런 의미에서 IB는 학생들과 교사가 함께 주인이 되는 교실을 만들 수 있도록 수업부터 평가까지 설계가 되어있는 교육과정이라는 것에 매력을 느낄 수 있었습니다.

> 창가의 앤 | 고등학교 생명과학교사

'나'를 주인공으로: 교사의 발화 기술

IB를 알게 된 이후 저의 교육 목표는 '나를 중심에 두고 더 나은 세상을 만드는 사람'으로 변화했습니다. 이전까지는 사회인으로서 교양적 태도를 갖추고 세상에 잘 적응하는 사람이었습니다. 개인보다는 한국 사회에서의 역할을 책임감 있게 수행할 수 있는 사회적 스킬과 역량을 양성하는 데에 조금은 기울어져 있던 셈이지요. 해외 교육 관련 연수 프로그램이나 미디어로 접한 외국 학생들의 인터뷰를 보며 '와, 쟤네들은 어떻게 말을 저리도 잘하나, 막상 성적이나 지식적으로 아는 것들은 별로 특별할 것도 없어보이는데, 자신을 잘 알고 생각이나 의견을 잘 표현하네.'하고 감탄한 적이 많았습니다. 그와 동시에 '학교에서 뭘 받나?'하면서 한국 교육에서 다루지 않는 특별한 비법프로그램이 있을 것이라는 생각도 은근히 하고요. 그러던 중 IB 프로그램을 조금 더 구체적으로 알게 되면서 그 비법 아닌 비법을 조금이나마 알게 되었습니다.

그것은 바로, 서구문화는 '나'를 중심으로 표현하는 성향이 강하기 때문에 의사소통의 기저에는 '너와 나는 (틀리다가 아닌) 다르다'가 자리잡고 있다는 것입니다. IBEC 과정을 통해 만난 (IB 교육 경험이 풍부하신) 교수님들의 수업에서 자연스레 우리가 겪는 현실적인 교육 환경과 평가 시스템 등의 상황을 말씀드리게 되었는데, "한국 학교의 선생님들이 자주 '내 영혼을 갈아넣은~'이라는 표현을 해서 잘 이해가 되지 않았는데 선생님의 경험담들을 들으니 이해가 간다. 이런 환경 속에서 선생님들이 결과를 이끌어내는 것이 정말 대단하다. 한국에서 IB 프로그램을 도입하면 분명 한국 선생님들은 충분히 잘 이해하시고 학생들의 역량을 잘 이끌어내실 수 있을 것이라 생각한다."라고 말씀하셨어요. *IB 프로그램의 '개념 이해'는 우리의 수업과 크게 다를 것이 없으나, 그 개념을 '주체적인 나로서의 내 생각을 정립하고, 내 세상, 더 나아가 우리 세계에서의 쓰임까지 확장시키는 과정'으로 다루고 있다는 것이 우리와 차별화된 부분이라고 생각합니다.* 이러한 확장 속에서 학생들은 스스로에 대해 치열하게 고민하고 이를 주변에 드러내면서 명확하게 다듬어나가는 경험을 하게 되는 것이지요. 각 교과목과 핵심과정을 학습하며 '나'라는 고유한 정체성을 정립하고, 세상과 연결된 나를 알게 됩니다. 그래서 IB 프로그램을, 또는 이와 비슷한 프로그램을 경험한 학생들은 '나'에서부터 '세상'까지 넓은 관심과 다각적인 관점을 가질 수 있어요. IB는 제가 생각했던 '교육의 지향점'과 범위만 달랐지 궁극적으로 같은 것이었습니다. IB 교육과정의 수업 목표는 작게 설정되어 있지만, 작은 그 목표를 이루는 과정 속에도 '세상의 문제를 찾고 더 나아지는 세상이 되려면?'이라는 문제까지 생각하게 만들었습니다.

예전의 7차 교육과정[2]에서부터 지금의 2022 개정 교육과정에 이르기까지 추구하는 인간상은 '홍익인간'입니다. 우리의 교육과정도 IB처럼 '더 나은 세상을 만들 수 있는 사람'을 목표로 하고 있어요. 그런데 과연 우리는 교육과정 시스템 안에서 '홍익인간'적인 면모를 발현할 수 있는 기회가 있었을까요? 저는 '지구 온난화'와 같은 명확히 드러나 있는 세상의 문제를 탐구 수업으로 다룬 적은 있지만, 아쉽게도 학생 스스로 문제를 발견하고 학생의 수준에서 해결법 또는 실천할 방법을 제시하거나 실천할 수 있는 판을 깔아주지는 않았습니다. 교과서 진도를 나가기에도 벅찬 현실에 저의 '교육 지향점'은 가려졌고, 간혹 IB가 생각날 때면 '환경오염'과 같은 문제에 대해 과학적으로 탐구한 후 찬반토론을 하며 '세계와 연결된 우리'를 생각해 보자고 애를 쓰는 정도였어요. 하지만 찬반토론이나 토의활동도 수

---

2   1997.12.31. 교육부 고시 1997-15호

행'평가'가 되는 순간, 학생들은 토론의 목적을 잊고 승기를 잡기 위해 애를 썼습니다. 자신의 논리를 튼튼하게 뒷받침하는 근거들을 공부하고 이를 표현하는 모습이 참 기특하다 싶다가도 토론 현장에서 이견을 가진 상대방의 이야기를 경청하고 이해하는 포용적인 태도 대신 상대방을 누르겠다는 분위기가 휩쓸 때 참 씁쓸했어요. 세상의 문제에는 다양한 사정이 존재하고 이를 파악해서 적절한 해결점을 함께 찾는 것이 토의이고 토론인데, 나만의 사정이 제일 중요하다고 생각하는 사람으로 은연 중 가르고 있는 것이 아닌지 걱정이 되었습니다.

IBDP의 교과 가이드에는 교육의 목표가 이루어지게끔 구체적인 단원 계획서(Unit plan)를 세우고 평가를 통해 목표 도달을 확인할 수 있도록 하는 꾸준함과 치밀함이 있었습니다. 교육의 목표가 이루어지도록 수업계획을 세우지만, 내신 등급이 잘 변별될 수 있도록 일부 평가문제를 어렵게 출제해야만 하는 괴리감이 없었어요. IB를 알고 난 후 저는 '홍익인간' 양성이라는 교육의 목표가 실현될 수 있도록, 수업 내용을 다룰 때 배움의 필요성에 대한 교사의 언어를 최대한 조심하고 있는 것부터 실천하였습니다. '이 문제는 수능 빈출이야, 이 그래프 주목하자'보다는, 현실의 문제점을 보여주는 사진이나 사례를 제시한 후 우리가 하는 수업이 그 문제를 해결하는 첫 단계라는 의미로 표현하려고 애를 씁니다. *"우리가 하는 수업은 이것을 해결하는 첫 단계야"*

예를 들자면, '생태계에서의 천이'를 '수능기출문제'로 이해하기보다 '화산 폭발 이후의 생태계'나 '화재 후의 생태계'를 탐구해 보는 시간을 갖는 것처럼 말이지요. 현실적인 문제를 찾다 보면 어느새 학생들은 친구들과 협업을 하기도 하고 서로의 생각을 공유하면서 다양한 관점을 이해하게 됩니다. 장기간에 걸쳐 이루어져야 하는 큰 프로젝트를 수업 시간만으로 진행하기는 어렵지만, 1차시에 다루는 내용에서 세상의 문제 1개만 슬쩍 얹어주기만 해도 학생들은 더 많은 문제들을 찾기도 하고 관심 없던 내용에 관심을 갖기도 합니다. 이 과정에서도 조심해야 할 교사의 언어가 있어요. '진로와 관계된 탐구문제', '자신의 진로 분야와 일관되게', '교과세특 기록' 등 이런 언어는 금기어입니다. 이 언어가 교사의 입에서 나오는 순간, 학생들은 긴장하고, 고등학교 1학년 3월에 얼렁뚱땅 내놓았던 진로 희망이 진작에 달라졌어도 '꾸준한 진로분야 기록'이라는 강박에 사로잡혀 자유로운 탐구를 하지 못하게 됩니다. '생기부'라는 프레임에 갇혀 배움이 '대입'으로 변질되어 버리는 것이지요.

과학탐구동아리에서는 자유로운 탐구 기회가 주어지는 편이라 학생의 관심사와 개인적 역량을 볼 수도 있지만, 학생들은 종종 사설컨설팅에서 조언하는 대로 난이도 높은 진로 탐구 주제를 정해와 탐구계획서를 냅니다. 정작 학생 본인은 전혀 준비되어 있지 않은 분야라 '왜 이 분야를 탐구하고 싶은 거니?' 라고 물어보면 '전공 적합성에 맞추어 인상적인 동아리 세특을 남겨야 한대요. 그래서 이 주제로 해볼게요.' 라는 답변이 돌아오고요. 막상 탐구계획에 대해 피드백을 받기 시작하면 학생들은 '너무 어려워요. 조금 더 쉬운 주제가 있을까요?' 아니면 '실험 주제와 비슷한 실험 키트로 해볼까요?' '모둠 애들하고 학원 시간이 달라서 같이 탐구하기가 어려워요.'라는 반응입니다. 자신의 순수한 지적 호기심을 해결하고자 탐구하고 여러 번 실험 실패를 하고 실험계획을 수정하는 시간이 없다는 학생들. 실수라는 귀중한 경험을 토대로 학습자의 다양한 ATL 역량이 키워질 수 있는 것인데 우리 학생들은 실수하고 실패하는 시간을 낼 수도 없어요. 동아리의 활동을 통한 본질적인 교육 목표가 또 '대입'으로 변질되고 마는 순간입니다. 저는 학생들의 탐구계획과 수행을 어떻게든 끝마쳐주기 위해 논문을 찾아보고 실험 방법들을 섭렵하고 실험 재료를 구입하고 준비하느라 분주해집니다. 간혹 자신의 지적 질문을 풀기 위해 끈기를 가지고 스스로 탐구를 해나가는 보석 같은 학생들도 있어요. 그럴 때면 기꺼이 시간을 내어 실험 과정에 관심을 가지고 관찰하는데 그 시간이 그렇게 즐거울 수가 없습니다. *실수하고 실패하면서 성장하는 학생의 모습, 그리고 그 성장을 본인이 느끼고 희열에 가득 찬 순간을 함께 할 수 있거든요.*

하지만 이런 경험은 가뭄에 콩 나듯 매우 드뭅니다. 그러다보니 IB 교육과정 중 학습자 스스로의 탐구 경험을 적나라하게 보여주는 'Extended Essay(EE, 소논문)' 지도가 어떻게 이루어지는지 매우 궁금했어요. 과학동아리의 '연구 보고서' 산출 지도 과정의 확장판 같았거든요.

'명색이 '소논문'인데 교사의 도움과 지식적 역량이 매우 크게 좌지우지되겠지', '역시 영혼을 갈아넣어야 될거야' 라고 생각했는데 지도교수님의 답변이 매우 명쾌해서 당황스러웠습니다.

'소논문은 학생이 주도하는 거잖아요. 학생에게 피드백 주는 시간과 횟수가 정해져 있고 그 기록을 남겨요. 교사가 이끌면 그건 학생의 결과물이 아니죠. 교사가 학생의 연구 주제에 대해 전혀 몰라도 학생과 정해진 시간 안에 학생의 연구에 대해 관심을 가지고 성장 과정을 관찰해서 기록하면 됩니다. 물론 학생의 연구 내용을 알아듣기 위해 기본 내용은 공부를 하기도 하고 학생에게 직접 물어보며 배우기도 하죠. 그리고 그 연구가 세상과 어떻게 연결될 수 있는지를 이끌어내도록 코칭합니다.' 정말이지 감탄스러웠어요. 소논문이 학생 자신의 날 것 그대로의 결과물인 것이에요. 경기도교육청 주관 IB 컨퍼런스에서 경북대 사대부고 IB프로그램에 참여한 3학년 학생 2명이 각각 수학과 문학에 대한 소논문 작성 사례를 발표했는데, 연구주제가 본인의 개성이 드러나면서도 고등학생 수준에서 매우 탁월하게 잘 쓰여진 소논문이었습니다. 매우 잘한 학생의 사례일 것 같다고 질문하자, 발표 학생이 이 소논문의 성적은 중간정도라며 손사래를 쳤어요. 발표 학생은 소논문 쓰는 과정이 매우 힘들었지만 그만큼 연구에 대해 배운 게 더 많았다는 소감을 밝혔습니다. 세계 유수의 대학에서도 EE 과정을 경험한 IB학생들이 그렇지 않은 일반 학생들보다 대학에서의 공부를 심도 있게 받아들이는 데에 우수하다는 데에 동의하고 있습니다.

목표하는 인간상을 어떻게 하면 끌어낼 수 있을까를 고민하며 수업 설계를 치밀하게 만들고 다양한 에듀테크(Edutech) 도구를 능숙하게 다루는 것은, 학교 업무 시간 동안 해내기 어려울 뿐더러 학생들 모두에게 잘 적용되지도 않습니다. IB처럼 동시적이고 연계적인 꾸준한 노출이 필요하다고 생각합니다. **큰 변화를 한번에 일으키는 것이 아니라 목표한 인간상을 늘 염두해 두고 학생들과 마주하는 시간 모두, '그 인간상을 생각하며' 온전히 표현되어야 합니다.**

  수원외국인학교 교감선생님(지도교수님)과 경기도교육청의 적극적 지원 덕분에 탐방의 기회를 얻었던 수원외국인학교는 유치원부터 고등학교까지 교육과정이 이루어지고 있어요. 고등학교 과정의 수업 참관과 학교 내 시설 탐방을 하면서 가장 눈에 띄었던 것은 IB의 학습자상이 학교 내 어디서든 갈런드처럼 걸려있었다는 것입니다. 각 학교급에서 이루어야 할 구체적 학습자상을 각 층의 계단, 복도 천장과 복도 게시판은 물론이고 화장실에서마저도 마주할 수 있었어요. 자연스레 학생들이 도달해야 할 목표를 흡수하도록 말이지요. 과학실에도 목표한 학습자상은 물론 과학에서 쓰이는 여러 지시어들에 대한 그림과 간단한 설명이 있는 게시물을 곳곳에 붙어있었습니다. '분류하시오, 설명하시오, 그래프로 나타내시오, 서술하시오, 논하시오' 정도의 지시어 정도만 사용했는데 얼마나 많은 지시어에 대해 구체적으로 설명하고 있던지 놀라웠어요. 실제로 평가에서도 이런 지시어를 구분하고 이에 맞춰 글을 쓸 수 있어야 하기 때문에 학생들이 계속 이 지시어를 익힐 수 있도록 게시물로도 노출시키고 있다고 했습니다.

또한 전문적 학습공동체 시간을 가볍게라도 자주 마련해서 교사도 가랑비에 옷 젖듯이 학교 교육의 철학과 목표를 익히고 조금씩 실천할 수 있는 부분을 동료 교사들과 함께 공유하도록 한다고 하고요. 그래서 학생들을 대할 때 '그 철학, 목표'를 염두하고 일관성을 갖고 꾸준히 교육활동을 수행할 수 있도록 말입니다. 정말 이 부분에서 고개 끄덕임이 절로 나왔어요. 차 안의 흔들이 인형처럼 말이에요. 아빠 말, 엄마 말이 다를 때 어린 아이들은 혼란에 빠집니다. 고등학생들도 내 담임교사, 교과 교사의 '목표한 학습자상'에 대한 이해가 달라 교육적 태도가 다르면 혼란에 빠지게 됩니다. '교육 성취 목표'가 '평가'에 이르기 때문에 자신의 의견이나 태도를 자신의 판단이 아닌 '출제자의 의도 파악'에 따라 행동이 달라질 수 밖에 없고요. **교육 공동체로서의 교사들은 교육철학을 공유하고 공동으로 목표하는 '학습자상'을 함께 정립하여 이를 위해 실천해야 합니다.** 아무리 자신만의 철학과 의견이 있더라도 말이지요. '전문적 학습공동체'라는 교사들의 모임도 진즉부터 들어와 있었지만, 교과가 다르면 이야기할 주제가 딱히 없어 학생들의 수업 태도나 성취도 정도를 공유하는 쪽으로 기울어지고, 교과가 같으면 교과 행사 회의로 기울어져 이런 모임의 필요성은 그저 요식행위이지 않나 회의감이 들었어요. 이제는 이 시간에 동료교사와 '학습자상을 이루기 위한 각 교과의 방법에 대한 공유, 학교 사안에 대한 공동 결정과 함께 하는 실천'을 위한 시간으로 중요하게 생각하게 되었습니다.

비계란 교육학에서는 학습자가 주어진 과제를 잘 수행할 수 있도록 도움을 제공하는 지원의 수준을 말합니다. 교사가 학습 목표를 정확하게 지시어로 제시하고 학습자가 이에 도달할 수 있도록 여러 방식으로 적절하게 도움을 주는 것이죠. 공통으로 다루는 교과서가 있고, 익힐 수 있는 활동들을 제공하며 활동들을 관찰하면서 즉각적으로 피드백을 주고 있으니 학습 목표를 이루는 데 수월할 것이라 생각했어요. 평가의 성취도도 높을 것이라고 기대했지만 단원 평가나 지필평가의 논술형 답안들을 보면 기대한 목표에 이르는 학생은 그리 많지 않았습니다.

IB프로그램 교수-학습접근법을 배우면서 그 이유를 깨달았어요. 학생들은 수업시간에 목표 성취를 위한 실험이나 모둠 협력 활동을 했으나 그 활동의 의미를 이해하지 못했던 것입니다. 활동의 각 단계별로 수행하는 방법을 친절히 설명해 두어서 왜 필요한지 궁금해하지도 않았고, 요리법처럼 기계적인 수행을 했던 거예요. 저는 정해진 50분의 시간 동안 수업이 완성되길 바라면서 친절한 레시피같은 활동 보고서를 제공했고, 학습목표는 활동결과표를 채우는 것으로 변질되었습니다.

학습자의 목표 도달을 돕기 위해서는 학습 과정의 결과를 계속 확인해야 합니다. 교과의 학습목표 도달을 위해서 교사는 계획 하에 조직적으로 접근하고 있지만 학생들은 그러한 계획을 구성하고 실행하는 것을 어려워합니다. 시간관리 기술도 부족하고요. 그래서 교사인 제가 조금 더 전략적이 되기로 했어요. 각 수업차시의 학습목표를 주고 활동한 뒤 단순한 형성평가 5문제로 개념 이해를 확인하고 도달 정도를 확인합니다. 이로써 학습자는 자신이 모르는 개념들을 파악하게 되고 다음 차시 시작에 바로 비슷한 형성평가 5문제를 봅니다. 개념 이해와 복습의 정도를 다시 깨닫게 하는 기회를 주는 거예요. 소주제의 수업 활동에서는 구체적인 지시어로 활동을 하게 하고 간간히 질문한 뒤 이에 대한 정확한 설명으로 피드백해 줍니다. 소주제 수업이 끝나면 수업 시 했던 질문과 비슷한 서술평가 1~2문제 가량을 주고 이해한 바를 명료하게 서술하게 유도했어요. 답변이 명료하게 나오게 하려면 서술시험 질문을 구체적으로 해야하기에 발문 표현에 대해 고민도 많이 했습니다. 가벼운 평가 사이 사이에는 학습자의 긍정적인 변화를 찾아내 칭찬했습니다. 사소한 격려이지만 정서적 지지를 받은 학생들은 학습에 대한 용기를 얻었어요. 학생들이 몇 번의 가벼운 형성평가와 간단한 서술평가를 거친 후 수행평가를 하면 자신의 이해도를 정확히 서술하는 변화의 과정을 볼 수 있었습니다. 단원평가와 지필평가가 1층에서 2층으로 한 번에 점프하는 것과 같다면, 비계처럼 시간이 걸리고 번거롭긴 하지만 한 층을 올라가기 위해 *학습자가 꾸준한 한 걸음 한 걸음을 지속할 수 있도록 교사가 적정한 거리에서 전략을 세우는 것이 매우 중요하다는 것을 깨달았습니다.*

교육과정 문해력을 지닌 교육전문가

'나의 교육과정 문해력은 얼마나 될까?' IBEC 과정을 이수하면서, 그리고 IB 프로그램에 대해 알아갈수록 교사의 교육과정 문해력이 얼마나 중요한가를 깨닫게 됩니다. '나는 교육과정의 총론, 각론, 각 교과별 별첨을 충분히 읽고 이해하고 있나?' '국가교육과정의 목표를 잘 알고 이를 위한 평가와 수업을 구성하고 있나?'

IBO는 「디플로마 원리부터 실천까지」를 포함하여 많은 종류의 구체적인 안내서를 제공합니다. IBWS의 교사는 IBO에서 제공하는 다양한 문서를 통해 프로그램을 충분히 이해하고 자신의 수업에 반영함으로써 IB 학습자상에 명시된 역량 함양을 추구할 수 있습니다. 교과목 가이드와 교사용 보조자료에는 각 교과에서 중요하게 여기는 요소와 교육과정, 수업 참고 자료 등이 구체적으로 제시되어 있어요. IB 교육이 처음인 초보 교사라도 교과별 가이드와 교사용 보조자료를 연구하면 IB 수업에 도전할 수 있는 것이지요.

그렇다면 우리에게 있어 교과별 가이드와 교사용 보조자료 같은 '공식적 안내서'는 무엇일까요? 우리에게도 교육과정의 총론과 각론, 해설서 그리고 각 교육청에서 개발하는 다양한 길라잡이(자료집)가 있습니다. 하지만 많은 교사들이 수업·평가를 계획할 때 총론과 각론을 정독하거나 각종 자료집을 참고하지 않아요. 교육과정과 각종 길라잡이(자료집)에 대한 연수도 있지만, 보통은 교육과정-수업-평가가 분절적으로 안내되다 보니 총체적이면서도 세세하게 살피기는 쉽지 않습니다.

IB를 알고 난 이후 저에게 가장 먼저 생긴 변화는 교육과정을 꼼꼼히 들여다보기 시작했다는 것입니다. 수업과 평가를 계획하거나 실행할 때 교육과정 총론과 각론, 별책으로 주어지는 각 교과별 목표와 세부 내용을 자세히 살피고 있어요. 교육과정을 살피는 것만으로도 내가 어떠한 목적과 목표를 갖고 수업과 평가를 준비해야 하는지가 명확해집니다.

임용'고시'라는 별칭이 있을 정도로 우리나라의 국공립학교 교사 임용(채용) 시험은 합격하기 어렵습니다. 임용 시험을 위해 교육학과 전공(교과) 공부에 사활을 걸지만 막상 합격하여 현장에 나오면 교육학 공부를 꾸준히 이어가기 쉽지 않아요. 수업 연구를 위해 전공(교과) 공부는 지속하지만, 수많은 행정 업무 등에 밀려 새로운 교육학 이론이나 방법에 대해서는 살펴보기가 어렵거든요.

IBEC DP 커리큘럼 수업 시, 교수님께서는 '수업'을 '과학'과 '예술'의 조합이라고 설명하셨습니다. 현장에서 드러나는 수업은 예술의 일면이 있지만, 이를 위해서는 과학적인 준비가 필요하다는 의미였어요. 많은 학자들의 연구로 타당도와 신뢰도를 검증받은 요즈음의 교육학 이론은 논문 등을 통해 쉽게 접할 수 있습니다. 교사는 꾸준히 교육학에 관심을 갖고 학생들에 대한 이해를 높이며 수업의 '과학' 부분을 채워두어야 합니다. **청소년의 이해 방식에 대한 근거있**

는 자료를 찾고, 개념의 깊은 이해를 위한 검증된 교육 방법을 익히며, 공정한 평가 방식에 대한 최신의 연구 결과를 반영할 수 있어야 합니다. 이러한 과학적 준비를 통해 수업 현장에서의 소통이 예술로 드러날 수 있을 거예요.

'전문가'의 사전적 정의는 '특별한 훈련과 반복된 경험으로 특정분야의 지식과 기술을 얻은 사람'입니다[3]. 교사는 교육전문가로서 자신만의 교육 철학을 가지고 있어야 해요. 국가교육과정에서 제시하는 교육 목적 실현의 최전선에 있는 교사는, 교육 목적의 달성을 위한 교육 철학을 알맞게 정립하고 수업과 평가에 적용할 수 있는 전문성과 의지도 있어야 하고요. *교육전문가라는 것은 특정한 방법론과 가시적인 성과만을 근거로 하는 편협한 호칭이 아닌 '사람'의 성장을 돕고 지원하는 소신과 실천의 결과입니다.*

올해 제가 담당했던 교과 중 하나는 '과학과제 연구'입니다. 과학과제 연구는 과학계열 전문교과인데 IB Science(Group 4) 과목의 내부평가와 유사한 성격을 띱니다. 학생은 단독으로 혹은 팀을 구성하여 주제를 정하고 특정한 과학적 탐구 방법을 활용하여 깊이 있는 연구를 진행합니다. 이후 그 결과를 보고서 형식으로 완성하고요.

성격	토론과 조사를 거쳐 특정 과학 과제를 선정하여 실험 실습을 수행하고 결론을 도출하여 보고서를 작성하는 일련의 연구 과정을 체험하여 과학자가 갖추어야 할 연구 수행 능력을 함양

—

3 Webster's New World Dictionary, 1968

목표	가. '물리학', '화학', '생명과학', '지구과학' 등의 학습 내용과 연계하여 심화된 연구를 수행할 수 있는 능력을 갖추도록 한다.
	나. 토론 및 조사를 통해 과학의 연구 분야를 탐색하고 관심 있는 주제를 선정하여 다양한 자료를 수집한 후 실험 실습 활동을 수행하여 학습한다.
	다. 실험 결과를 해석하여 결론을 도출하고 연구 결과 보고서를 작성하여 발표하는 기회를 갖는다.
	라. 현대 과학 연구의 추세에 따라 소집단 활동을 기본으로 하여 서로 협력하여 문제를 해결하는 공동 연구의 경험을 제공한다.

표 4-1. 과학과제 연구 교과의 성격과 목표[4]

2015 개정 교육과정 기준, 과학과제 연구는 진로선택 과목이기에 A/B/C 3단계로 평가됩니다. 성취평가를 지향하고 학생들의 과도한 경쟁을 지양하기 위한 방식이지만, 오히려 학생들이 자신의 성취 정도를 미리 제한하고 80점 이상이면 A이니 80점 만큼만 해야지라고 생각하게 하는 면이 있더라고요. 수능 출제 과목도 아닌지라 국, 영, 수, 과(사)에 우선 순위가 밀리면 연구 시간도 적어집니다. 이러한 상황에서 학생들의 참여 의지를 북돋는 길은 오직 정공법뿐이라는 생각이 들었습니다. *말 그대로 과학과제 연구 교과를 왜 배워야 하는지, 이 교과 학습을 통해 우리는 어떠한 역량을 기를 수 있는지를 강조하는 것이지요.*

　매 학기 초 평가 계획을 수립한 후, 학생들과 평가 계획에 대한 토의를 진행합니다. 이때 평가의 목적과 방법, 그리고 배점에 대해 안

4　2015 과학계열고등학교 전문교과 교육과정(제2015-74호)

내하는데 반드시 교과의 목표도 함께 설명합니다.

IB를 통해 교육의 목표가 수업 및 평가와 어떻게 연결되어야 하는가를 알게 된 후에는 특히 교과의 목표, 과학적 탐구 역량에 대해 확인하는 시간을 더욱 충분히 가지고 있어요.

본격적인 연구 활동을 시작하기 전에는 과학적 탐구 역량이 무엇인지에 대해 이야기 나누었습니다. 수업 장소인 생명과학실의 칠판과 벽면에는 2015 개정 교육과정에서 제시하는 과학적 탐구 역량의 요소와 각각에 대한 구체적 설명을 출력하여 붙여두었고요.

그림 4-9. 과학적 탐구 역량의 요소

IB의 학습접근방법(ATL)이 종합적으로 발현될 수 있는 교과가 바로 과학과제 연구라는 생각과 함께 학습접근방법에 대해서도 학생들과 이야기를 나누기 시작했습니다. IB의 학습접근방법을 그대로 적용하기 보다는 과학과제 연구 교과에서 요구되는 역량 중심으로 재구성하여 '역량 카드'를 만들었어요. 연구 활동 전 학생들은 오늘 자신들의 목표 활동이 학습접근방법의 어느 영역을 함양하기 위한 것인지를 점검하고 해당하는 카드를 꽂아둡니다. 예를 들어, 참고 자료의 조사를 계획한 날이라면 '조사(research skill)' 카드를 제시할 수 있고, 자료 해석에 대한 토의가 필요하다면 '대인관계(social skill)' 카드를 제시할 수 있겠지요. 학생들은 연구 활동을 하는 동안 자신들의 목표 역량을 의식적으로 인지하고 저는 적절한 피드백으로 응원합니다.

그림 4-10. 학습접근방법(ATL)을 적용한 역량 카드

연구 계획을 세우는 과정에는 프레이어 모형(Frayer model) 등을 활용하여 구조화에 도움을 주었어요.

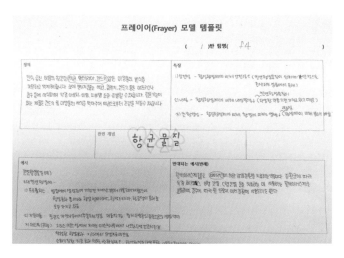

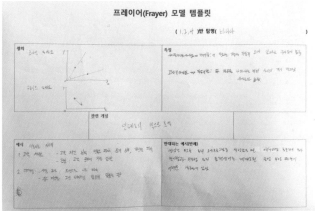

그림 4-11. 프레이어 모델을 적용한 개념 정리 활동

왜 이 연구를 하고 싶은지, 관련 자료는 어디에서 구할 수 있는지, 이 연구를 통해 알고 싶은 점이 무엇인지 등 비계가 될 수 있는 활동들을 세심하게 구성하려 노력했습니다.

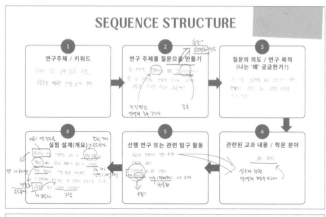

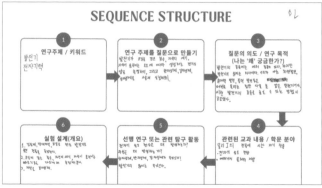

그림 4-12. 연구 설계를 위한 Structure sequence[5]

—

5   canva.com 제공 템플릿 재구성

IB를 알기 전과 후의 수업에 엄청난 차이가 있는 것은 아닙니다. 교육과정의 중요성, 교-수-평-기의 일관성 등은 모두 IB를 만나기 전에도 잘 알고 있던 것이에요. 다만 IB를 통해, 교사의 교육과정 문해력이 얼마나 중요한 것인가를 새삼 깨닫게 되었습니다. 교육전문가로서 저 자신이 바로 설 수 있어야 제 수업과 평가도 추구하는 목적에 맞게 실현될 수 있을 것이라 생각합니다.

Chapter V.

우리 교육을 위한 제언

학교는 공장노동자를 배출하는 곳이 아니라

역량 있는 미래의 사상가, 행동가를 배출하는 곳이다.

2023 대구 IB 컨퍼런스 기조연설 중에서

(Dr. Nicole Bien, IB 학교지원본부장)

| 애기똥풀 | 고등학교 생명과학교사 |

미래 사회에서 요구되는 역량은 지금의 사회에서 요구하는 역량과 차이가 있습니다. AI를 포함한 과학 및 공학 기술의 발달은 지금까지와는 다른 '다양한 관점'을 요구하지요. *우리의 아이들은 더욱 열린 마음으로 다양성을 포용하고 자기 주체성을 기반으로 평생 학습자가 되어 예측할 수 없는 삶에 유연하게 대처해야 합니다.*

시대적 과제가 이렇다 보니 지금의 교육, 특히 평가 체제에 대한 반성으로 IB에 관심을 갖는 분들이 많아졌습니다. IB는 고유하고 분명한 교육 철학의 실현을 위해 특징적인 교육 방법과 신뢰도 있는 평가 시스템을 갖추고 있기 때문입니다.

대학수학능력시험의 한계를 살피며 우리 교육을 성찰했던 MBC 특집 다큐 <교실 이데아>[1]를 보면 우리 사회가 과연 '교육'을 통해 역량 있는 민주 시민을 길러내고 있는 것인지 다시금 생각하게 됩니다.

IB에 대한 관심과 기대가 큰 만큼 걱정과 불안의 목소리도 많습니다. 사대주의적 접근을 경계하며 IB 프로그램에 대해 무조건 반대하는 분도 있고, 현재의 우리도 충분히 '잘하고' 있고 '할 수' 있는 학생 중심 수업 등과 비교하며 새로울 것이 없다고 여기

---

1   2024.04.21.–2024.05.05. 3부작 방영

시는 분도 있습니다. IBWS(IB 인증학교)가 IBO에 지불해야 하는 비용을 들어 엘리트주의적 교육이라고 말씀 하시는 분도 있고요.

하지만 IB 프로그램이 명시하는 교육 철학과 추구하는 인간상(학습자상), 특징적인 교수·학습방법 및 평가 시스템은 우리가 놓쳐서는 안될 미래 교육에 대한 시사점입니다.

우리와 IB의 차이: 시스템과 문화

IB 교육에 대한 이해는 '수업', '평가' 등으로 나누어 접근할 수 없습니다. 외국의 것이니 좋은 것이겠지, 외교관 자녀들을 위해 만들어진 프로그램이니 우수하겠지 하는 편견으로 시작할 수 있는 것도 아니고요. IB 교육을 부러워만 하면서 우리 교육에 대한 평가 절하로 귀결해서도 안 됩니다.

국제 교육 프로그램인 IB를 특정 국가의 교육 과정과 단순 비교하기는 어렵습니다. 다만, **국가교육과정으로서 우리의 교육과 비교하여 시사점을 찾는다면,우선하여 살펴볼 것은 '시스템(system)'과 '문화(culture)'라고 생각합니다.**

IB는 검증된 최신의 교육학 이론을 바탕으로 끊임없이 IB만의 교수·학습 이론을 정립하고 IB 인적 네트워크의 사람들과 공유합니다. 워크숍 리더, 컨설턴트, 프로그램 현장 담당자, 채점관 등으로 이루어진 IB 교육자 네트워크(IBEN)는 각각의 역할에 따라 학교를 지원하거나 콘텐츠를 개발합니다. IBEN은 정기적인 모임을 통해 교육자들 간의 경험을 나누며 서로의 성장을 돕습니다.

IBWS에서 학생을 지도하는 교사는 IBO에서 제공하는 다양한 지침서를 통해 IB 교육의 목적과 목표를 뚜렷이 알 수 있어요.[2] 교과별 가이드를 숙지한다면 초보 교사라도 IB에서 추구하는 교육 목표에 도달하기 위해 어떻게 교수·학습을 이끌어가야 하는지 다양하고 구체적인 정보를 얻을 수 있습니다. 학생은 DP 과정 2년 동안 6개 교과군과 핵심과정(CORE)의 상호작용을 통해 IB 학습자상에 알맞은 청소년으로 자라날 수 있도록 교육 과정과 평가가 보장하는 시스템적 지원을 받습니다. 이러한 통합적이고 유기적인 교육 시스템은 그철학과 방법을 공유하는 공동체 문화를 통해 실현됩니다. IBO를 중심으로 구성된 체계적인 시스템이 교육의 안전망을 만들고 그 안에서 교육공동체는 협력적 문화를 공유하며 수업과 평가를 통해 역량을 함양합니다.

　누군가 'IB가 뭐예요?'라고 묻는다면, IB식 수업과 평가만을 설명할 것이 아니라 교사를 교육의 전문가로 인정하고 지원하며, 교육 목적에 맞게 학생의 성장을 구체적 역량 함양으로 증명하는, 견고하고도 신뢰할 수 있는 IB의 시스템을 먼저 소개해야 할 것입니다. 이 시스템이 공동체 문화를 어떻게 변화시키는지, 공동체 내에서 스스로 자신의 배움에 주도성을 갖고 교사와 학생 모두가 평생 학습자로서 어떻게 살고(being) 행동(acting)하는지를 먼저 들여다보아야 합니다. 그리고 우리나라의 교육 시스템에 어떻게 적용하여 공동체 문화

2　교과별 가이드와 같은 교수 · 학습 및 평가 자료는 IBO에서 인증받은 교육자만이 열람 가능

를 이끌 것인지를 고민해야 합니다.

교사 공동체 지원: 실질적 전문적 학습 공동체

교사들은 학교 안팎의 전문적 학습 공동체[3]를 통해 스스로의 역량을 꾸준히 함양하고 있습니다. 뿐만 아니라 다양한 교육 연구회에서 함께 연구하고 실천하며 교육 현장에서의 자발적 성장을 도모하지요.

다만, 학교 현장의 교사는 교육 연구와 실천만 하는 것이 아니라 각종 행정 업무, 생활 및 진학(진로) 상담도 함께 하는 것이 안타까운 현실이예요. 행정 업무 경감을 위해 단위 학교와 교육지원청에서 다방면으로 애쓰고 있지만 교사의 업무가 교수·학습과 평가로만 좁혀지지는 않습니다. 우리나라에서 교사는 수업과 평가의 전문가이면서 행정 전문가, 상담 전문가, 진로·진학 전문가이기도 해야 하는 것이지요. 이러한 상황 속에서 수업과 평가를 위한 교육 연구와 교사 공동체 모임이 편안하게 운영되기는 무척 어렵습니다.

IB에도 전문 학습 커뮤니티(Professional Learning Comm -unities, PLCs)가 있습니다. PLCs의 효과에 대한 연구[4]는 PLCs가 교사에게 많은 학습 기회를 제공했다는 것을 시사했습니다. 이는 협업을 책임의 공유로 이해하고, 서로 다른 문화적 태도와 신념을 가진 동료들과 일하며 극복한 어려움들이 교사의 성장에 큰 영향

---

3 IB에서의 PLCs와 유사
4 Collaboration within intercultural professional learning communities a case study(Gregory S, Brunton)

을 미친다는 의미입니다. *IB는 교육자들 자신이 변화한 경험이 있어야 학생에게도 동일한 경험을 하게 해준다고 생각하기 때문에 교육자의 전문성 신장을 무척 중요하게 여깁니다.*

IB의 경우 각 교과목을 담당하는 교사의 가장 중요한 역할은 수업과 평가의 운영입니다. 교사가 온전히 수업과 평가에만 힘을 쏟을 수 있도록 행정 중심의 업무를 제외하는 등 시스템적 지원책을 갖추고 있어요. 행정 관련 불필요한 공문서 작성이나 IB 본부와의 소통 업무 등은 개별 교과 교사가 담당하지 않습니다. 그만큼 수업과 평가에 대한 책임을 강조합니다. 이는 IB 학교에서 작성하는 과정 개요(course outline)와 단원 계획서(unit plan)에서도 엿볼 수 있습니다. 형식적이거나 선언적이지 않은 실제적 교육과정의 실현을 위해 교사는 더욱 더 치밀해집니다. *교사가 교수·학습과 평가에 몰입할 수 있도록 중요한 것에 대한 더하기와 덜 중요한 것의 빼기가 균형을 이루고 있다는 생각이 들었습니다.*

평가의 연계 : 대입 시험의 변화

IB는 총괄평가와 형성평가가 긴밀하게 연결되어 있습니다. IB에서는 준거 기준의 평가, 증거 기반의 평가가 이루어지므로 도달하고자 하는 목표 역량을 구체적으로 명시하고 이를 확인하기 위한 평가를 계획한 후 해당 역량을 함양하기 위한 수업을 진행합니다(백워드 설계). 내부평가 혹은 외부평가와 같은 총괄평가를 잘 치르기 위해서는 평소 수업 활동 중의 형성평가를 통해 지식과 기술을 습득해야 하는 것이지요.

　우리는 어떤가요? 대학수학능력시험(수능)으로 총괄평가를 치르는 학생의 경우, 수능과 학교 수업(내신)이 연계되기 어렵습니다. 학교 수업 내용이 학생 참여형, 탐구 중심형, 과정 평가형 등 다양한 방식으로 구성되고 평가되는데 반해 수능은 변별과 채점의 용이성을 위한 선다형 문항을 출제하기 때문이지요. 그러다 보니 학교에서 다양한 수업과 평가에 두각을 나타낸 학생이라 하더라도 실제 수능 시험 성적은 좋지 않을 수 있습니다. 오히려 수행평가를 열심히 준비하다 보면 수능 시험을 준비할 시간이 부족해 모의고사 성적이 떨어지는 경우가 있기 때문에 학생들은 일찌감치 정시파와 수시파로 갈라집니다. (요새는 졸업파도 있더군요. 재수는 필수고 n수는 선택이기에 우선 학교를 졸업하고 본다는 태도를 일컫는다고 해요.)

　평가 패러다임의 변화에 발맞추고 평가의 순기능을 강화하기 위해서 대입을 위한 총괄평가와 실제 수업의 연계성을 높여야 합니다. 다양한 방식의 배움에 적극적으로 참여하고 자신의 역량을 함양하는 것에 초점을 맞춘 학생이 대입을 위한 평가도 잘 치를 수 있어야 합니다. *수업의 변화를 이끌기 위해서는 수업 철학과 방식에 대한 패러다임의 변화도 필요하지만, 본질적으로는 평가 방식이 바뀌어야 합니다.*

교사를 교육전문가로 인정하는 사회적 분위기

IB는 교사를 교육의 전문가로 인정하고 존중합니다. 한국에서 20년

동안 교사로 일한 사람과 다른 분야의 전문가로 20년 일한 사람의 사회적 지위와 능숙도는 어떤 차이가 있을까요? 20년 경력의 교사는 10년 차 교사에 비해 어느 정도의 사회적 인정을 받을까요? 교사는 지식만을 전달하는 사람이 아니라 학생으로 하여금 평생 학습자로서 배움의 주체가 될 수 있도록 이끄는 안내자입니다. IB 시스템에서의 교사는 교육 공동체 내에서의 연대, 협력, 지지를 통해서 IBWS에서 근무한 경력이 많을수록 IB 교육에 대한 이해가 높은 교사로 대우를 받습니다. 교사 공동체는 서로의 경험과 배움을 나누며 함께 성장할 의무와 권리가 있고 IBO와 IBWS는 이를 적극적으로 지원하기 때문에 실제 교육 현장에서의 누적된 경험을 교사의 자산과 역량으로 인정하는 것이지요.

안타깝게도 공교육 교사의 교육 전문성이 의심받기 십상인 요즈음입니다. 수능 시험에서 한 문제라도 더 맞힐 수 있도록 요령을 알려주고 훈련을 제공하는 것이 교육의 전문성이라 오해되기도 하고요.

하지만 교사의 교육 전문성은 학생이 스스로에 대한 존중과 성찰을 동력으로 배움을 지속할 수 있도록 이끄는 과정에서 발휘되는 것이겠지요. 교사를 교육의 전문가로 인정하는 사회적 분위기가 확대되어 교사 스스로가 평생 학습자로서의 모델(model)이 되고, 이러한 존중과 신뢰를 바탕으로 교육의 전문성이 더 높아질 수 있도록 교육 공동체 모두의 관심과 노력을 기대합니다.

비계로서의 IB

공교육에서는 우리 교육이 나아가야 할 방향과 방법을 재고하는 비계(scaffolding)로서 IB를 바라볼 수 있을 것이라 생각합니다. 급격한 변화의 흐름에서 교사는 늘 새로운 학생들을 만납니다. 작년의 학생들과 올해의 학생들이 다르고 어제의 학생과 오늘의 학생도 다릅니다. 어찌 보면 교사가 가장 트렌디(trendy)한 직업일지도 모르겠어요. 학생을 통해 매 순간 가장 최신의 변화와 가능성을 만나니까요. *작지만 꾸준한 시도가 큰 변화를 만들어내는 것처럼 미래 교육을 위한 비계로서 IB를 공부하고 적용하는 것은 의미 있는 노력입니다.* IB는 이미 개념 기반 탐구학습, 깊은 이해와 전이, 삶과 이어지는 학습, 지역적이고 세계적인 맥락에서의 교육 등을 안정적이고 효과적으로 실천하고 있습니다. 2022 개정 교육과정을 시작하는 오늘날 학교 현장에 이러한 수업 및 평가 방식은 많은 영감을 줄 수 있을 거예요.

모든 일에 정답이 존재하기 어렵듯, 우리의 현실에서 IB 교육만이 정답이라고 주장하기는 어렵습니다. 다만 교육 과정 다양화의 일환으로 IB 교육을 생각하고 교육 공동체가 열린 마음으로 IB 교육에서 시사점을 찾는다면 분명 우리 교육이 더 큰 힘을 가질 수 있을 것이라 확신합니다. 우리 학생들을 위해 늘 고민하고 애쓰시는 학생, 학부모님, 선생님. 그 모든 분들의 힘으로 새로운 내일을 준비하고 있습니다. 미래를 위해 공감과 연대로 함께 해주시는 여러분께 깊은 존경과 감사의 마음을 전합니다.

APPENDIX I.
부록 I

단원계획서(예시)

* 제시된 단원계획서는 단지 예시일 뿐이며
선생님들의 단원계획서 작성에 작게나마
도움이 되기를 바랍니다.

단원계획서(예시)[1]

교사	애기똥풀	교과군/과목		통합과학 / 생명과학 II	
단원주제	자연선택 Natural selection	학년	3	소요 차시	4

탐구(Inquiry)

개념적 렌즈

사실적 지식 탐구 Factual   : 자연선택(natural selection), 진화(evolution)
개념적 이해를 위한 탐구 Conceptual : 변화(change), 관계(relationship),
                                      시스템(system)
논쟁이 가능한 탐구 Debatable   : 우월주의(supremacy), 불평등(injustice)

전이 가능한 학습 목표

1 자연선택(natural selection)으로 인한 진화(evolution)가 방향성과 목적성이 없는 변화임을 이해할 수 있다.

2 자연선택 과정을 설명하기 위한 실험을 분석할 수 있다.

3 자연선택을 적용하여 모든 관계 속에서의 우월이나 차별에 대해 평가할 수 있다

---

1 '2023 미래교육 IB 콘퍼런스(경기도교육청) 단원계획서 발표 자료' 및 '2024 경기도 IB 연구회 단원계획서 연구 자료'를 재구성. IBDP biolgy 가이드를 참고하되 2022 개정교육과정 '통합과학2'와 2015 개정교육과정 '생명과학 II' 수업 적용을 기준으로 작성

탐구 질문

1 사실적 질문(Factual question, F)

◆ 자연선택을 야기하는 변이(variation)란 무엇인가? (F)

◆ 변이를 일으키는 돌연변이(mutation), 감수분열(meiosis),
  유성생식(sexual reproduction)이란 무엇인가? (F)

◆ 방향성/목적성이 없는 변화와 그렇지 않은 변화에는 무엇이 있는가? (F)

◆ 자연과학에서의 진화와 사회과학에서의 진화는 어떠한 차이가 있는가? (F)

2 개념적 질문(Conceptual question, C)

◆ 환경(environment)은 적응(adaptation), 생식(produce)과 어떤 관계가 있는가? (C)

◆ 자연선택은 시스템(system)을 어떻게 변화(change)시키는가? (C)

◆ 진화가 시간,장소,공간에서의 관계적 상호작용임을 이해하고 있는가? (C)

3 논쟁적 질문(Debated question, D)

◆ 유전적 차이는 우월주의와 차별의 근거가 될 수 있는가? (D)

학습목표	평가
[1차시] 자연선택(natural selection) 이론을 이해하고, 자연선택에 의한 진화(evolution)가 방향성과 목적성이 없는 변화임을 예시를 들어 설명할 수 있다.	1 Quiz, Concept map, Experiments (F) ◆ Quiz, Concept map: 과학적 용어 이해 ◆ Concept map: 개념 정리 및 확장 ◆ Experiments: 실험을 통해 개념을 구체화/가시화, 현상에 대한 이해
[2차시] 주어진 자료를 비교 및 분석하고 안전하고 알맞은 방법으로 실험할 수 있다. 이론을 통해 현상(자료, 실험결과)을 설명할 수 있다.	2 형성평가 및 총괄평가(F, S) ◆ 선다형 질문 3문항
[3차시] 변화, 관계의 개념을 전이하여 글로벌 이슈를 이해할 수 있다.	3 형성평가(Formative, F) 및 총괄평가(Summative, S) ◆ analysis: 탐구결과 분석 ◆ Essay: 주제논술
[4차시] 논쟁적 질문에 대한 의견을 과학적 근거를 바탕으로 평가할 수 있다	

실행(Action)

목표하는 핵심 역량[2]

1 창의적 사고 역량

- 자연선택, 진화, 생물다양성과 같은 과학적 용어를 이해하고 기억한다.
- 핀치새 부리 모양에 대한 자료 분석, 슈퍼박테리아가 생기는 과정 이해를 위한 실험 활동을 통해 얻은 정보를 비교하고 분석한다.
- (교사) 구체적인 자료와 시간을 준다.
- (교사) 열린 질문을 하고 답변을 생각할 시간을 충분히 준다.
- (교사) 칭찬과 격려를 통해 사고를 독려한다

2 협력적 소통 역량 / 공동체 역량

- 슈퍼박테리아가 생기는 과정을 이해하기 위한 모둠 활동(실험) 시 타인을 존중하고 책임감 있게 행동하며 서로 협력한다.
- (교사) 협업 기능을 연습할 수 있도록 충분한 시간과 기회를 준다.

3 협력적 소통 역량 / 공동체 역량

- 과학적 용어에 대한 설명을 잘 듣고 이해한다.
- 제시된 자료를 잘 읽는다.
- 각기 다른 텍스트 형태에 맞는 전략을 선택하여 읽는다

4 자기관리 역량

- Essay 작성을 완료하기 위한 시간 관리를 한다.
- 자신의 마음을 잘 챙기고 스스로 동기를 부여한다.

5 지식정보처리 역량

- 사회, 문화, 정치, 윤리 등 다양한 분야에서 자연선택이 오용된 사례를 찾는다.
- 정보를 비교, 대조 및 검증한다.
- 비판적으로 읽고 학문적 정직성을 유지한다

---

2 2022 개정교육과정 총론

메타인지	학습 지원 전략
◆ 과학적 용어에 대해 정확히 알고 있는지 퀴즈(F)를 통해 확인하고 지원한다.	◆ 배움의 과정에서 사전에 습득한 지식과 경험을 연상할 수 있도록 안내한다.
◆ 자기평가를 활용하여 학생 스스로가 이해도를 확인할 수 있도록 한다.	◆ 생물학 외의 교과 또는 상황에 개념을 전이할 수 있도록 질문을 제시한다.
◆ 평소 가지고 있던 오개념을 확인할 수 있는 질문을 통해 지식간의 갈등을 유도한다.	◆ 배움의 과정에 자신감을 가질 수 있도록 지속적으로 독려한다.
◆ 이론으로 분석/실험의 결과를 설명할 수 있는 기회를 제공한다.	◆ 우월주의 및 차별에 관한 글로벌 이슈에 관심가질 수 있도록 안내한다.
◆ 개념(변화, 관계, 시스템, 시공간)의 전이가 일어날 수 있도록 질문한다.	

지식이론 연계[3]	창의적 체험활동 연계[4]
◆ 하나의 이론을 뒷받침하기 위해 얼마나 많은 증거가 필요하며 그것을 반박하기 위해 어떤 종류의 반증이 필요한가?	◆ 역사적으로 자연선택이 남용된 사례가 현재 우리에게 주는 시사점 토의하기
◆ 모든 변화는 방향성/목적성이 있는가?	◆ 유전적 차이를 바탕으로 한 우월주의, 불평등(차별)에 대한 글로벌이슈 조사
◆ 자연과학에서의 진화는 사회과학에서의 진화와 어떠한 차이가 있는가?	◆ 무조건적 '생명존엄성'을 알리기 위한 캠페인 활동(컬럼, 사설, 포스터, 동영상 등을 학교 홈페이지에 게시하기)
◆ 유전적 차이는 우월주의와 차별의 근거가 될 수 있는가?	

---

3 IB의 지식론(TOK) 적용
4 IB의 창의 · 활동 · 봉사(CAS) 응용

본질적 이해	평가	교수 전략
지식의 본질적 이해 추구 ◆ 변이, 자연선택 등과 같은 과학적 용어를 정확하게 이해하기 ◆ 환경이 적응 및 생식과 어떠한 관계가 있는지 설명하기 ◆ 진화를 자연선택으로 인한 시스템의 변화로 평가하기	**지식ㆍ이해** ① Quiz (F) ◆ 과학적 용어에 대한 이해도를 간단한 퀴즈를 통해 확인(자기평가 활용) ◆ 자연선택, 변이, 돌연변이, 감수분열, 유성생식, 환경, 적응, 생식, 진화, 유전, 생물다양성 ② 형성평가, 총괄평가(F, S) ◆ 선다형 문항을 이용해 topic에 대한 이해도를 확인 ③ 형성평가, 총괄평가 (수행평가) (F, S) ◆ 데이터 기반 문항을 통해 topic에 대한 이해도를 확인	⊗ 학습지 ⊗ 토의ㆍ토론 ⊗ 모둠 활동 ⊗ 에듀테크 도구 활용 ⊗ 실험ㆍ실습 ⊗ 개념 지도 ◆ 구체적이고 명확한 자료 제시하기 ◆ 이론을 통해 현상을 설명할 수 있도록 안내하기 ◆ 개념 지도를 작성하게 하며 essay 개요 작성을 돕기
기능의 본질적 이해 추구 ◆ 적용 – 실험 결과 또는 데이터 분석하기 – 데이터 분석을 바탕으로 시스템으로서의 자연 환경을 변화시키는 요인에 무엇이 있는지 추론하기	**과정ㆍ기능** ① 분석 (형성평가, 총괄평가) ◆ 대프메이저 섬에서 핀치새의 먹이에 따라 부리가 어떻게 변하는가에 대한 자료를 보고 비교 및 분석하기 ② 탐구실험 (총괄평가(수행평가)) ◆ 다양한 형질을 가진 박테리아 중 환경(살충제 살포)의 변화에 따라 특정 형질이 살아남게 되는 과정을 통해 슈퍼박테리아의 생성 과정 설명하기	**사고 루틴** ◆ 프레이어 모델 (과학적 용어의 학습) ◆ See–Think–Wonder 전략 (오개념 확인 및 개념 확장) ◆ 이전에는 ~하였으나 이후에는 ~하게 되었다. (오개념 확인 및 개념 확장)

개념의 본질적 이해 추구	개념/가치 · 태도	에듀테크 활용
: 변화, 관계, 시스템	① 총괄평가 (수행평가(논술형))	◆ 생각 나눔 : 생성형 AI, 챗봇, 활동 공유 플랫폼
◆ 논쟁적 질문에 대한 의견을 과학적 근거를 바탕으로 평가하기	◆ [질문] 방향성/목적성이 있는 변화와 그렇지 않은 변화에는 무엇이 있는가?	◆ 평가(형성평가) : 퀴즈 활동 프로그램
– 방향성/목적성이 없는 변화와 그렇지 않은 변화에는 무엇이 있는지	◆ [질문] 자연과학에서의 진화와 사회과학에서의 진화는 어떠한 차이가 있는가?	
– 자연과학에서의 진화와 사회과학에서의 진화는 어떤 차이가 있는가?	◆ [질문] 유전적 차이는 우월주의와 불평등 (차별)의 근거가 될 수 있는가?	
– 진화가 시간, 장소, 공간에서의 관계적 상호작용임을 이해하고 있는가?	② 형성평가, 총괄평가 (수행평가)	
– 유전적 차이는 우월 주의와 차별의 근거가 될 수 있는가?	◆ 환경과 생명체 사이의 관계, 생명체 간의 관계에 대한 서술형 문항	

잘된 점	아쉬운 점	기록/변화/제안
에듀테크 활용 (AI 챗봇을 활용한 단계적 사고 확장, 자기 평가 (피드백))	이전 학습과의 연계성 확인, 글로벌 이슈와의 연결	오개념 확인, 글로벌 이슈

APPENDIX II.
부록 II

관련 링크

추천 도서

관련 링크

IBO 홈페이지

경기도 평생학습포털,
국제바칼로레아교육,
IB 프로그램의 이해

제주특별자치도교육청,
IB 소개

대구광역시교육청,
IB 소개

경북대학교
사범대학부설 고등학교,
IB 홈페이지

제주 표선고등학교,
IB 홈페이지

경기외국어고등학교,
IB 홈페이지

[교실이데아]
수능부터 IB까지,
교육 토크 콘서트

경기도교육청(2023),
IB 이해하기

경기도교육청(2023),
IB 초등교육
프로그램(PYP)

경기도교육청(2023),
IB 중등교육
프로그램(MYP)

경기도교육청(2023),
IB 디플로마
프로그램(DP)

추천 도서

1. 경기도교육청(2023), IB 이해하기
2. 경기도교육청(2024), IB 교육과정 심화자료
3. 이혜정 외(2019), IB를 말한다, 창비교육
4. 김나윤 외(2020), 국제바칼로레아/IB가 답이다, RAON BOOK
5. 조현영(2022), IB로 그리는 미래교육, 학지사
6. 제이슨 송(2024), IB 교육, 우리는 이렇게 합니다!, 스텝스톤
7. 하화주 편저(2024), IB 우리의 미래 교육(개정판), 스콜레
8. 조현영 외 공저(2024), IB로 그리는 개념기반 탐구학습, 학지사
9. 이미영(2025), IB로 대학 가다, 학지사
10. 강현석 외 공역(2008), 거꾸로 생각하는 교육과정 개발, 학지사
11. 온정덕 외 공역(2019), 개념 기반 교육과정 및 수업, 학지사
12. 신광미 외 공역(2021), 개념 기반 탐구학습의 실천, 학지사
13. 임유나 외 공역(2022), 개념 기반 교육과정과 수업, 박영STORY
14. 제이 맥타이 외(2016), 핵심질문, 사회평론아카데미
15. 로버트 마르자노 외(2017), 질문 연속체, 사회평론아카데미
16. 에릭M.프랜시스(2020), 이거 좋은 질문이야!, 사회평론아카데미
17. 로라 그린스타인(2021), 역량평가 매뉴얼, 교육을 바꾸는 사람들
18. 이형빈 외(2022), 성장중심평가, 살림터
19. 수전M. 브룩하트(2022), 루브릭 어떻게 만들고 사용할까?, 우리학교
20. 론 리치하트 외(2023), 생각이 보이는 교실, 사회평론아카데미
21. 존 스펜서 외(2023), 임파워링, 교육을 바꾸는 사람들
22. 김덕년 외(2023), 주도성, 교육과실천

IB의 밖에서 IB를 잇다

오수연 외 지음

2025년 2월 12일 초판 1쇄 발행

지은이   오수연, 윤승혜, 김예린, 이은아, 최인금, 김고은, 황서영

기획   오수연, 안선영, 서채영

편집   오수연, 서채영

디자인   서채영

마케팅   안선영

인쇄/제본   주식회사 네모연구소 02-2633-1308

펴낸곳   주식회사 네모연구소

출판브랜드   좋은 네모

주소   서울특별시 경인로 775 (에이스하이테크) 지하 116호, 122호

대표전화   02-2633-1308

이메일   nemo@nemolab.co.kr

홈페이지   http://www.nemolab.co.kr

출판등록   제 2020-000016호

ISBN 979-11-974908-2-8